【新装版】

ホスピタリティの教科書

お客様の感動を生む「まごころ」のおもてなし

林田正光

Masamitsu Hayashida

The Service of True Heart

HOSPITALITY

JN076375

あさ出版

本書は２００６年１月に刊行された同名の書籍の新装版です。

はじめに

東京・新宿の有名デパートの地下食品売り場、銀座や青山通りにつぎつぎに開店する世界的なブランドのフラッグシップ店、東京ディズニーリゾート。日曜日には歩くのに苦労するほどの人出です。

読者の皆様のなかには、これらのお店や企業を「サービス業」として認識していない方もいらっしゃることでしょう。ですが、これらの業種も「顧客満足」という視点から捉えれば、まぎれもなく「サービス業」です。

他方、すべてのお店や企業が好調かというと、決してそのようなことはありません。評論家などは、勝ち組負け組の二極化が進んでいると言います。確かにそうでしょう。しかし、それは現象をそのまま述べたにすぎません。現象の本質はまったく説明されていないのです。

では本質的なところでは何が起こっているのでしょうか。

それは「お客様が賢くなった」のです。

お客様というのはいつまでも「そのまま」という思い込みがあるとしたら、それは大きな間違いです。

日本一の流通業セブン＆アイホールディングスを率いた鈴木敏文元会長は、かつてあるインタビューのなかで「一年前、流通業界で通用した常識が今年はもう通用しなくなっている。企業は常に変化する必要がある」という趣旨のことを述べていました。

鈴木元会長は、定価販売が基本と言われたコンビニエンスストアで、ドリンクの安売りを始めました。そして、他社が、次にどんな手を打ってくるのか戦々恐々としていると言います。しかも、ほかのコンビニエンスストアはセブン―イレブンの行方を見守って後手後手の対応をしているというのに、鈴木会長は同じインタビュー内で「コンビニは将来的には自動車を売ってもよいと思っている」という発言までしています。

業界の雄と言われるセブン―イレブンも「安閑としていられない。今までどおりのことをしていたら、倒産する。どうすればお客様は満足されるのだろう」という危機感があったのでしょう。

全国のお客様の膨大な日々の売上データを見て、毎日毎月毎年、有効な対策を考えています。そこで、昨年のデータが今年通用しなくなっていることに気付き、そして、「お客様の変化」に企業が対応しきれていない恐さを感じていたのです。それでは、お客様はどのように変化してきているのでしょう。

先ほども述べたように、賢くなってきているのです。

戦後から一九七〇年代ぐらいまでの旅行といえば、農協や企業の慰安旅行としてどこか有名な温泉地に出かけ、大部屋に大人数で泊まらされ、病院食のような食事が出てくる、というのが平均的なものでした。

ところが、高度経済成長を経て——東京ならホテルオークラや帝国ホテルなど——一流のホテルと呼ばれるところでも、普通の人が気軽に出入りするようになりました。一度、一流レベルのサービスに触れてしまうと、お客様はそのレベルを下げることは避けたいと思うものです。

上のレベルを知ったお客様は、ほかの業種でもたくさんの消費体験を積んでいます。それらさまざまな経験が積もりに積もって、「お客様は賢くなった」と考えられるのです。

メジャーリーグの野球を見たお客様が、たとえ巨人戦であれ、日本の野球を見ていられなくなったのと同じです。

確かに、日本のプロ野球界について「選手が悪い、監督が悪い」というのは、簡単です。しかし、本質的には「お客様が賢くなった」と認識しなければならないのです。

賢くなったお客様がとる消費行動の特徴は、「安物は買わない」です。安物というのは、内容のないもの、価値のないものを指します。値段の安いものではありません。価格に見合った価値があるかどうかを冷静に判断できるようになっているのです。

バブル前のお客様というのは、安物でも買ってくれました。ところが、バブルを経験して本当にいいものを購入してしまうと、安物は必要なものであっても、「買わないで我慢してすませよう」とします。

では、賢くなったお客様にはどのように接していけば、「満足」していただけるのでしょうか。それが本書のテーマです。

その答えを、私は自分のこれまでの仕事の経験のなかから考えてみたいと思っています。

高校を卒業してから販売促進支配人、関西地区顧客担当部長までを歴任した「大阪の迎賓館」とも評されるガーデンレストラン・太閤園。

関西地区のみならず、全国の一流ホテルを尻目に、開業数年でナンバーワンの評価を得るに至ったザ・リッツ・カールトン大阪。

日本のトップ層のお客様を対象にしているこのホテルでは、営業統括支配人として開業の準備段階からおよそ七年間、仕事に励みました。

世界的な観光の名所として、日本各地はもとより各国からのお客様を迎える、京都全日空ホテル。社長兼総支配人を務めたこのホテルは、二条城を見下ろす絶好のロケーションに位置しています。

そして、国宝、彦根城の正面に構える彦根キャッスルホテルでは、社長兼総支配人として地元の名士の皆さまをおもてなしさせていただきました。

こうしたホテルをご利用されるお客様たちは、一流とされるホテルを泊まり歩き、それらのサービスを知り尽くしてきた、目の肥えた方々とも言えるでしょう。

そのような「賢いお客様」たちと接してきて、どのようなことに心をくばれば、お客様は満足してくださるのか、ようやくわかるようになってきました。

本書では、サービス業全般において「顧客満足」を実践するための方法を、とりわけ

「ホスピタリティ」（心のこもったおもてなし）という観点から説明させていただきたいと思います。

　そこで挙げる例は、私が在籍していたホテル業界のものに多少偏るかもしれません。ですが、俗にホテル業は、サービス業界のお手本と言われています。ホテル業界でのサービスを勉強すれば、サービス業にとどまらず、あらゆる業種に活かしていただくことが可能だと思います。

　この本が読者の皆様の日々の仕事のお役に立ち、元気な売り場、お店、会社をつくっていくための一助となれば幸いです。

林田正光

1 最高のおもてなしを実現するために

2 スタッフへのホスピタリティ

3 ホスピタリティを実践する

4 仕事で大切にしたいこと

1

最高のおもてなしを実現するために

「賢いお客様」

さまざまな商品やサービスを扱うお店では、皆一様にプロ意識を持っていると思います。そして心のどこかで「商品やサービスに関してはお客様よりよく知っている」と思い込んでいます。ですが、これは間違いです。

一昔前までは確かにそうでした。しかし、これだけ巷にモノが溢れ、お客様が消費体験を数多く積むようになると、いくらプロ意識を持っていても、本当はお客様のほうが商品やサービスを熟知しているという「逆転の現象」が生じるのです。

たとえば、ホテル業界にしても、一流ホテルを利用するお客様は、すでにほかの一流ホテルにも宿泊したり食事をしたりという経験をたくさんお持ちです。毎週違うホテルを利用しているというお客様もいらっしゃるでしょう。お客様のほうが商品やサービスに対する知識は豊富です。比較することによって、違いがより明確になるからです。

それに対して従業員はどうでしょうか。自分のホテルには泊まったことがあっても、ほかの一流ホテルに頻繁に宿泊したり、食事に行ったりする人は少ないと思います。

他のサービス産業でも逆転現象は起きています。たとえば、どこかに土地や家が欲しいお客様がいて、どの不動産会社から購入するか考えているとします。そのようなとき、お客様はどうするか。複数の不動産会社のホームページで物件をつぎつぎと見て回ります。すると、ひとつの不動産会社が所有している情報よりも多くの情報を、同時に手に入れることが可能となります。明らかに店側よりもお客様のほうが、多くの情報を握っていることになってしまうわけです。

このような逆転現象に対して、プロとしてはどのように対応すればいいのでしょうか。奇をてらう必要はありません。従業員がお客様として、自分のホテルやレストランを利用することができれば十分です。つまり、いつもの自分の職場を客観的に見るということです。また、個人としてのがんばりには限界があると思います。組織の一員として、組織全体の力を活用してお客様に接していくことが大切です。

逆ピラミッドを想像してみてください。一番上に、お客様がいる。その下で従業員がお客様を支える。さらにそれを支えているのが経営幹部です。幹部は、いかに従業員が働きやすい環境をつくるかが大切です。

この逆ピラミッドを一番下で支えるのはトップです。トップには幅広い感性が求められます。従業員を下から支えるのはもちろんのこと、たとえばロビーに置く花一本にも感性が求められます。季節感はあるか、女性のお客様が喜びそうか。そこまで気を行き届かせなければなりません。それがサービス業の真髄です。

顧客満足を追求する言葉に「カスタマー・フォーカス・カルチャー」というものがあります。これはお客様に的を絞った風土、文化をつくるという意味です。その店の風土づくりは、店全体のシステムとして取り組んでいかなければいけません。

「○○さんはいらっしゃいますか」とお客様から電話があっても、「外出しております」だけではサービスは弱くなります。

「外出しておりますが、よろしければ用件をお伺いしておきます。後ほどお電話を差し上げます」と、誰が電話に出ても返事ができる文化が、サービス産業には求められます。これがシステムです。どこの部署でも同等の高いレベルの対応ができるようにする。それには個人の思いつきでなく、システムとして取り組んでいかなければいけません。

それが「逆転現象」に対抗できる手段のひとつなのかもしれません。

「気くばり」と「心くばり」

ホテルマン生活を長く続けてきた私ですが、顧客満足のためにそれほどたくさんのことを行ってきたわけではありません。日々の仕事のなかでいつも考えていることは、「気くばり」と「心くばり」の二つだけと言ってもよいと思います。

では「気くばり」とは何でしょうか。

簡単に言うと、ビジネス上のマナーのことだと思います。たとえば少し暑いなと感じる日に「何か飲み物でもお持ちいたしましょうか」「部屋の温度は適切でございますか」などと声をかけることです。

例のような状況で、熱いお茶をお持ちしたらどうなるでしょうか。もちろん、お客様は熱いお茶を飲まれるでしょう。文句を言われる方は少ないと思います。「気くばり」の行動が多少ズレていても、お客様からクレームがくることはないでしょう。しかし、お客様は心のなかで「お茶を出してくれたのは嬉しいけれど、こんな暑いのに気がきかないな」という印象を持たれることと思います。

つまり、お茶をお客様にお出ししよう、というマナーは大切ですが、そこからさらに一歩つっこんで、冷たいお茶を、というサービスができるようになるには、お客様に対して「心くばり」をする必要があるのです。

「心くばり」とは「心配」と書きます。文字どおり、相手のことを心配するわけです。「暑さが仕事に支障をきたしていないだろうか、冷たいお茶なら少しでもくつろいでいただけて、仕事にやる気を出していただけるのでは」というようにです。「気くばり」と「心くばり」は次元の違うもので、現実には、あかの他人を心配する気持ちはなかなか湧いてこないものです。

通常のサービスとは、フロントマンなら、チェックインの際に、さまざまなことをご説明したり、カギをお渡しししたりすることです。「気くばり」と「心くばり」は、通常のサービスのことではありません。あくまでもプラスされるものです。

「通常のサービス」に「気くばり」がプラスされると、お客様は「満足」されます。

「心くばり」がプラスされると、お客様は「感動」されるのです。

他人に愛情を注いで心配するというのは、正直に申し上げて、二〇～三〇代の人には難しいことかもしれません。

会社なら、数人の部下を持って育てていくような立場になって、言葉だけでは部下を育てられない、業績をアップさせられないことを悟り、愛情の必要性を理解します。

家庭なら、子どもを数人持ち、子どもというのは言葉だけではなかなか親の言うことを聞かないから愛情が必要だと気づく、というような経験が必要なのかもしれません。

このようなことを考えると、四〇代後半ぐらい、ある程度の年齢を重ねてゆとりを持てるようになってからが、本当に「心くばり」ができる時期だと言えるでしょう。

「心くばり」ができるようになるには、余裕が必要ですし、包容力も必要です。「心くばり」をされる側にエネルギーは必要ありませんが、「心くばり」をする側にはたいへんなエネルギーが必要です。

ですが、お客様に「心くばり」ができるようになると、お客様が「感動」され、感謝されることさえあります。その喜びが原動力となると、さらなる「心くばり」ができるような、よい循環に入っていけるのではないでしょうか。

マニュアルが最高のサービスの「壁」になる

現代は変化の時代です。変化の早さを表す言葉に「ドッグイヤー（Dog year）」というものがあります。これは犬の一生である一〇年を一単位として、時代は早く移り変わっていくものだよ、ということを示した言葉です。すなわち、一〇年以上前に通用した常識は通用しない、ということです。

ホテル業界でも、外資による買収など考えもつかないことでした。ところが、現在では当たり前のことになっています。それに伴い、お客様の満足する部分などもまったく変化してしまいました。

さらに、最近では「マウスイヤー（Mouse year）」という言葉が出てきました。一年たてばもう古いという考え方です。コンピュータの世界などがその典型です。発売されたばかりのソフトでも、その一年後には、問題点などを改め新たな機能を追加した新製品が発売されるのです。

ところで、サービス業にはマニュアルというものがあります。仕事の心構えから、具体的な技術や方法について詳しく書かれたものです。マニュアルが完成するまでには、たくさんの優秀な幹部や現場リーダーが何度も会議を行い、試行錯誤を繰り返すことでしょう。しかし、その作成のための会議・編集・印刷などの過程を経ると、配布までに早くても半年、遅いと数年かかることもあるでしょう。こうなると、マニュアルができた頃にはマニュアル自体が古くなってしまいます。マニュアルが、よりよいサービスへの「壁」となってしまう可能性があるのです。

感動のサービスには方程式はありません。言葉で定型化できるものではないのです。マニュアルを越えたものを自分で見つけないと、感動のサービスには至らないのです。

感動のサービスを生み出すには感性が必要です。感性の部分はマニュアルに書かれていません。突発的な事態が生じたとき、それらすべてにはマニュアルは対応できません。つまり、マニュアルも大切なのですが、頼りすぎてしまうと、そこに書かれている以上のサービスを追求するのは難しくなるのです。

あらかじめ言ってしまうと、「顧客満足」とは「マニュアル」プラス「気くばり」であると思います。

また、「感動」とは「マニュアル」プラス「心くばり」です。お客様に心からの親切心を持っているかどうか、愛情を持っているかどうかが、感動のサービスへとつながるのです。

ですが「私はサービスマンだが、仕事はあくまでも仕事。他人に親切心、ましてや愛情までを込めて仕事などできない」という人がほとんどではないかと思います。これは個人的な性格の問題でもあります。

親切心や愛情を仕事に込めるためにはどうしたらいいでしょうか。マニュアルのさらに一段階上の「理念」をつくる必要があるのです。

呼び方は「理念」でなくてもかまいません。「信念」「信条」でもいいし、「プロミス」でもいいでしょう。

大切なのは、この「理念」でサービスのあるべき姿を明らかにすることです。そうすれば、突発的な事態、予測不可能な事態が起こっても、従業員自身が考え対処できるようになるのです。

自分の今までの仕事に少し「気持ち」をプラスするだけで、お客様に満足していただけます。

そして、少し「心」をプラスするだけで、お客様に感動が生まれるのです。

真のホスピタリティを確立する

サービス業にとどまらず「ホスピタリティが大切」という言葉をよく耳にします。

そして、ホスピタリティを学ぶには、ディズニーランドやリッツ・カールトンを参考にせよとも言われています。ですが、その方法を学んだからといって、真のホスピタリティを知ったことにはなりません。

ホスピタリティとは、訳すと「心のこもったおもてなし」となります。心のこもったおもてなしというのは、単純に学べることではありません。人が喜ぶおもてなしの方法は、民族や文化、そして個人によって変わってくるからです。

欧米の家族社会のホスピタリティとは、たとえばゲストを自宅に迎えるとき、料理は持ち寄ったり出来合いのものを買ってテーブルに並べ、「会話」を楽しみます。

日本ではどうでしょうか。妻はキッチンに閉じこもりきりで、できるかぎりの「手料理」でゲストをもてなそうとします。話の主体はどちらかというと男同士です。日本では「手料理」というものが、ゲストへの最大のもてなしとなります。

日本人が欧米人を日本流でもてなすと、欧米人には不満が残るようです。「もっと奥さんともしゃべりたかったのに、全然できなかった」となるのです。逆に、欧米人が日本人を彼らのやりかたでもてなしても、「なんだこの料理は。自分たちで作っていないのか」となります。

このジレンマを解決するには、「何のためにおもてなしするのか」という目的をはっきりさせることです。

会話を大切にするなら、出来合いの料理の欧米式がいいでしょう。手料理をみんなで楽しむことなら、日本式のほうがいいでしょう。

皆さんの会社では、どのような「目的」でお客様をもてなしたいのでしょうか。まずは、目的を明確にすることです。言い方を変えれば、目的とは、企業理念であったり、ミッション（使命）であったりします。

「ホスピタリティ」と言っても、企業によって、得意分野と不得意分野があると思います。自宅へのゲストを、お茶をたててもてなすのが得意な人もいれば、カレーライスでもてなすのが上手な人もいる、ということと同じです。

自分流、自社流のおもてなしを確立すれば、お客様の「あの店に行きたい」という動機につながっていくのです。

そのために、「自分の企業は何が得意で何が不得意か」について突き詰めていかなければいけません。

プロジェクトチームをつくって検討し、いいと思ったことは実際にやってみたり、お客様からアンケートで意見をもらうなどして、試行錯誤を繰り返すのです。

あるカー用品販売店では、雨の日に、お客様駐車場まで従業員が傘を届けるサービスをしています――ですが、この話を聞いたほかの店がそのサービスの表面だけを模倣しても、ホスピタリティを学んだとはとても言えないのです。

「ホスピタリティ」とは、自分流、もしくは自社流の「まごころのおもてなし」を確立することです。

座学で簡単にできるものではありません。

心を込めてこそのホスピタリティ

ホスピタリティとは「心のこもったおもてなし」であり、ホスピタリティを身につけるには、試行錯誤を経て自分流を見つけることが必要と、定義しました。

もちろん、これはあくまで私の定義です。最近では大学や専門学校でホスピタリティを専門に学べる学部もあり、そこでの定義とは若干異なるかもしれません。

なぜ、はっきりと定義したかというと、日本ではホスピタリティが「優しく接する」というような曖昧な意味で語られていることが多いからです。「そうか、お客様には優しく接すればいいいんだ」と、表面上の意味だけ理解されると困るからです。

欧米で言うホスピタリティは、主に三つの要素が挙げられます。

①Safety　安全であること
②Courtesy　心くばりがあること

③Amenity　快適であること

まず一番目の「セーフティ」とは、安全を確保することです。客室のドアを二重ロックにしておく、バスルームに手すりをつけおく、などということです。

二番目の「コーテシー」とは、お客様の立場でお役に立つことを考えることです。たとえば、香港のあるホテルのサービスマンは、忙しいお客様のために、航空機のチケットや家族への贈り物の購入を代行しました。これがたいへん喜ばれたため、「個人ショッパー」というオフィシャルなサービスになりました。買い物代行だけでなく、秘書兼お世話係までもこなし、忙しいエグゼクティブには好評のようです。

また、ビジネスパーソンのお客様は、滞在中でも仕事が山積みで、インターネット接続やパソコンなど電子機器に関するトラブルが多く、困ることが多いようです。クアラルンプールのあるホテルでは、ＩＴに詳しい従業員があるお客様の電子機器トラブルをうまく解決して大いに喜ばれたことから、「テクノロジー・バトラー」と呼ばれるサービスが生まれました。これは、二四時間いつでも、電話で電子機器に関するトラブル解決に応じてくれるサービスで、今では世界中のチェーンで同様のサービスが提供されています。

三番目の「アメニティ」とは、快適さを指します。シンガポールのあるホテルでは、女性のために、シャンパンとストロベリーを味わいながら、キャンドルの灯りの下で花の香りのアロマバスを楽しんでもらうサービスをスタートさせました。これも今ではチェーンの他店でも行われるようになりました。

これらはすべて、それぞれのホテルや個人が個別に「お客様に対して自分がお役に立てることはないか」という試行錯誤を重ねた末に生まれたものです。ほかのホテルのサービスの表面だけを真似したものではないのです。

おもてなしには「心」を込めましょう。

おもてなしは、お客様の趣味や性格、属性をしっかりと把握したうえで、なされなければなりません。

しかも、それは個人の頭のなかに入っているだけでは十分ではありません。データ化し、最終的には全従業員の間で共有できるものを目指すべきです。

満たすべきはお客様の「二次目標」

戦後から七〇年以上がたち、私たちの周りにはさまざまな贅沢品が溢れています。

食べることに困っている人は少ないですが、「心」が満たされずに困っている人が多くなっています。お客様も同様です。お客様の物欲だけを満たせばよい、という時代はもう終わっています。マーケティングの世界では、お客様の「心」をいかに満たすのか、というテーマが真剣に論じられているのです。

一昔前は、買い物と言えば、近所の商店街でするのが普通でした。

商店では、たいていお客様の顔を一人ひとり覚えていました。

「ありがとう」「これ、おまけしとくよ」「お子さんは元気ですか」など、ちょっとした会話が自然と生じ、そこに「心」の交流があったような気がします。

現在では、日用品の買い物はスーパーマーケットやコンビニなどが主体です。いくら同じ店に通っても、アルバイトの店員からはマニュアルどおりの挨拶が返ってくるだけです。

「また、ご利用ください」、こんな言葉がいつも返ってきます。

お客様に不便はないかもしれませんが、何か寂しい気がします。「心」の交流がないと、お客様は簡単に違う店に流れてしまいます。「心」の交流は、コンビニのように個々のお客様と密接な関わりのないような業態でも、大切になっていくのではないでしょうか。

何度も述べているように、お客様は数多くの消費体験を積み、確実に「賢く」なりました。賢くなったお客様は、もう普通のものを買うだけでは満足しないのです。

たとえば、千円あれば、牛丼屋で三食ぶん食べられます。千円でお腹は簡単に満たせられるのです。しかし、人はそれだけでは満足しません。なぜ、牛丼屋ではなく、わざわざ何十倍もの値段を支払ってホテルで食事をするお客様がいるのでしょう――「心」の満足を求めたいと思っているからです。そこで出される食器、料理、飾られている絵はもちろん、サービスの一つひとつが吟味されています。ソムリエの接客や会話を楽しむことも、その一つです。お客様の目的は「モノの満足」に加え、「心の満足」にも及んでいるのです。

業種によって多少の違いはあるとはいえ、基本は同じです。つまり、「一次目標＝ものを買う、食べる」「二次目標＝心を満たす」となります。

そして、一次目標は先述のように、もう満たされているものなのです。

サービスに「心」がプラスされれば「ブランド」になる

今では、同じような商品やサービスがどこの店にも溢れているため、それらを販売する店は、本質的には同じです。

ではどのようなところに違いがあるのでしょうか。

まずは、価格です。こうなると、価格勝負になるわけです。中小のサービス業が大企業と価格勝負をしようとしても、おそらく勝てません。大企業のほうが大量仕入れのため原価が低くなり、販売価格が下げられるからです。

価格競争といえば、ホテル業界でも、格安ホテルがいくつか出現しています。宴会場やレストランを使わなければ、一泊五千〜六千円で気軽に泊まれます。部屋もまあまあ清潔感があり、ある程度満足できます。どこの都市でもチェーン展開されており、いつも満室のようです。

さらにカプセルホテルのように「泊まるだけ」の利用であれば、一泊一万円ほどするレベルのホテルは必要なく、もう十分に用は足りてしまいます。

しかし、ホテルの稼働率を見た場合、格安宿泊施設が多くのお客様を集める一方で、その何倍もの料金を必要とする「超一流」ホテルに宿泊するお客様も同じくらいいるのです。

その理由は何なのでしょう。

私は「心」だと思っています。

サービスに「心」をプラスするだけで、こうも価格が変わってくるのです。これからは単純な価格勝負ではなく、商品やサービスに「心」をどうプラスするかが、企業に問われるのではないでしょうか。

商品やサービスに「心」をプラスし続けた企業は成長します。

そして、「ブランド」ができあがるのです。

「ブランド化」とは、商品やサービスに「心」をプラスし続けた結果ではないでしょうか。

「心」をプラスし続けると、お客様からやがて「一目置かれる存在」になります。

エルメスやグッチなど高級店に入ると、日頃、態度のよくない人でも、自然と背筋が伸びますし、どことなくかしこまった表情になるでしょう。この店は普通の店ではない、という「神秘性」を身体が知っているからです。

そして、常日頃なかなか購入しないような高額の商品を買うことになるのです。商品自体の値打ち、それを手にしたときの満足感、店員の接客態度――これらが相乗効果を及ぼし、値段が高くてもお客様はそこに、それ以上の「価値」を見出すわけです。

では商品に「心」をプラスするのは誰でしょうか。考えてみてください。

やはり、「人」なのです。商品やサービスを担当する従業員なのです。心をプラスできるのは、従業員しかいません。

従業員の質が上がれば、お客様に「心」をプラスすることが可能になってくるのです。従業員がお客様に提供する「心」の質の向上が、「賢くなったお客様」に選んでもらえるポイントなのです。

つまり、従業員の「心」の教育が大切だということです。

お客様に「ノー」と言う前に考えるべきこと

読者の方は、日々の仕事のなかで、お客様と接しているとき安易に「ノー」と言っていないでしょうか。

私はあるとき、大手書店で「〇〇〇という本はないでしょうか」と聞いたことがありました。すると「在庫がありません」の一点張りでした。「今、在庫がありませんが、お取り寄せなら〇週間ぐらいかかります」もしくは、「チェーンの他店にないかどうか調べます」ぐらいは答えてほしいと思いました。

「在庫がありません」とだけ言ってツンとされてしまうと、買う側からすれば「ないんだから別の本を買え」と言われているようで大変気分が悪くなるものです。

超一流と言われるホテルでは、お客様から何か頼まれたりしたときに絶対に「ノー」と言わないサービスを心がけています。「かしこまりました」「喜んで」と応じ、どんな細かい頼みごとにも誠心誠意尽くすのです。また、普通に考えれば「ノー」と言わざるを得ない場面でも、お客様にとってベターとなるであろう別案を提示するようにしています。

たとえば、お客様から予約の電話をいただいたときに、あいにく満室だったとします。皆さんなら、お客様にどう答えますか。「ノー」と言わないのが原則だとしても、部屋がないのは、しょうがない。やはり「ノー」と言うしかないのではないか、と思われることでしょう。

「私どものホテルはいっぱいですが、差し支えなければ、近くの同ランクのホテルに空き状況、料金を聞いてご連絡いたしますが、いかがいたしましょうか」と提案するのです。

「なにもライバルのホテルを紹介しなくても……」「そこまでやる必要はあるのか」と思われるかもしれません――そうお考えの方には、私は次のように言いたいのです。「そこまでやるのがプロだ」と。

ライバルのホテルを紹介した場合、そことの違いをお客様に明確に感じてもらえますし、結果、「あなたのところのほうがよい」と思われるならば、願ったりかなったりではないでしょうか。

もう一例挙げます。あなたが、リッツ・カールトンで働いていたとしましょう。リッツのコンセプトは「もうひとつの我が家」です。ある日の午後、レストランへ、二時三一分にお客様がいらっしゃいました。しかし二時三〇分がオーダーストップで、この時間の厨房にはもうシェフはおらず、休憩に入っています。

あなたは入口でお客様をお迎えしたとき、どのように答えますか。考えてみてください。

やはりノーというしかないでしょうか。

「どうぞ、お入りください。オーダーストップの時間は過ぎておりますが、ご遠慮なくどうぞ」

お客様の立場に立って、「こんな時間まで食事を召し上がっていないのは、おそらく昼食をとる暇もなく忙しくしておられたのだろう。お腹もお空きなのではないだろうか。シェフは休憩時間に入っているが、探せばまだ近くにいるだろう」というように考えるべきです。従業員であるあなたは、接客の大原則である「もうひとつの我が家」という言葉を胸に刻み込んでいることでしょう。であれば、どんな状況であっても、「もうひとつの我が家」としてくつろいでいただくための行動が選択できるはずです。

たとえば、ある家庭で、七時が夕食の時間だったとします。娘が遅れて七時一分に帰って来ました。この家庭は娘に夕食を食べさせないでしょうか。「どうして遅れたの？　学校が忙しかったの？」と逆に心配するはずです。

「もうひとつの我が家」とは、そういうことです。このコンセプトが心に刻まれていれば、不測の事態が起こっても、適切な対処ができるのです。

これら一つひとつのことは小さなことかもしれません。しかし、全従業員が「ノー」と言わないサービスを提供することによって、お客様に喜ばれ、「あそこは、ほかとは違う」と思ってもらえるのではないでしょうか。それがリピートにつながり、売上につながると思うのです。

皆さんも、自分のお店や職場での言葉に気をつけてみてください。意外と簡単に「ノー」という言葉を発しているのではないでしょうか。「ノー」と言う前に、何か別の方法がないか、一日考えてみることをお勧めします。

ハードのサービスには賞味期限がある

どんな業種や業態でも、ビジネスを始めようとするときに一番気にかけるのは、ハード面です。どこの場所を借りるのか、どんな外装、内装にするかなどです。しかし、ハード面にいくら予算を注ぎ込んでも、二回以上来店しているお客様にとっては、当たり前の要素にすぎません。

たとえば、ホテル業界でも、新しいホテルを開業させるとき、普通はハード面に予算をかけます。同地区にあるほかのホテルよりも立派な造りにしようとして、予算オーバーするものです。

立地がよい、部屋の備品や清掃状態がよい、絨毯《じゅうたん》がきれい、いい絵画や花が飾られている、窓ガラスが輝いている——それらに越したことはありません。ですが同じ花や絵画でも、そこに清潔感や感性があるかないかで、印象はがらりと変わります。

建物以外のハード面の代表として、料理があります。価格ももちろん大切ですが、価格以上の価値があれば「満足」、価格以下の価値は「不満」になります。料理にさらなる価値をつけるのは、季節の器、季節の素材、盛りつけなどです。あとは、温かいものは温かく、冷たいものは冷たく、提供されているかどうか。料理のおいしさの七〇%は温度管理によるのです。温度管理ができて初めて、いい料理になる。温かく注いだコーヒーも、コップが冷たくてはすぐに冷めておいしくなくなります。

では、どのようにしておけばコップを温かくできるか、温かいままお客様のところまでお運びするのにはどうしたらいいのか。そこにサービスマンの心くばりを加える余地があります。「料理は同じでも、サービスマンの対応が親切である」という印象を持ってもらえれば、顧客満足度はぐんと上がるでしょう。

ハード面はお金をかけても飽きられる。このことが理解できれば、お金をかけるべき点が見えてくると思います——ソフト面、すなわち人材教育です。そこでは「会社の理念」を伝えることを徹底させるのです。

最初は社内の人間が上に立って、トレーニングを始めるのが原則です。適任は社長、もしくは現場のリーダーでしょう。外部の研修会社やコンサルタントは、あくまでサポートとして考えるべきです。でなければ「理念」は従業員に伝わりません。

大切なのは「理念」

「会社の理念」が大切だという話をしてきました。

多くの会社では、経営理念はありこそすれ、社長室の額に恭《うやうや》しく飾ってあるだけで、その理念を根付かせるトレーニングもしないため、従業員は興味関心がないのではないでしょうか。また、理想の世界を語っただけの企業理念を掲げている会社も多いことでしょう。

これでは会社の業績は伸びません。私がかつて在籍したリッツ・カールトンでは、入社後経営理念を丸二日間研修し、現場に出てからも、初年度は、合計三〇〇時間ものトレーニングを受け続けました。

このトレーニングは、専門のトレーナーが担当します。企業理念を日常業務のなかで自然と実践できるよう、マン・ツー・マンで従業員をトレーニングするのです。たとえば、従業員が実務をしているそばで、その実務と経営理念がどのように関わり合うのかをトレーナーが説明し、現場でその理念をいかに応用するかを教えるわけです。

このトレーニングでは、お客様のリクエストに「ノー」と言わずに対応する方法、臨機応変にトラブルに対処する方法、チームワークについてなど、実務的なものから、自己啓発的なものまで教えられました。

三〇〇時間トレーニングのなかには、定期テストもあります。従業員として最低限身につけなければならない知識（レストランやバーの営業時間、予約方法など、お客様から尋ねられる可能性のあること）すべてです。

お客様から尋ねられたときに「お待ちください。上司に聞いてきます」ではお客様をお待たせし、余計な時間をとらせることになるからです。

三〇〇時間トレーニング終了後には、経営理念の理解を深めるため、全従業員に「デイリーラインナップ」が実施されました。これはレストランや客室係など、セクションごとに行われる一五分間のミーティングです。

そこでは、経営理念に基づいて自分自身が体験・実践した事例を発表したり、ほかのスタッフの実践報告を聞きます。

そして、その報告に対して「企業理念に適合するすばらしい行動だ」と、みんなで確認し合います。

このように、経営理念を日常の行動と結びつける訓練を、繰り返し行っているのです。読者の皆様の会社では、経営理念を本質から理解し、それを日常業務のなかへどのように落とし込む工夫をしているか、話し合っているでしょうか。理念をつくるのは簡単です。問題は、つくった後のフォローなのです。

経営理念は、会社で数名のプロジェクトチームを立ち上げ、半年以上かけてつくっていくのがよいと思います。長い場合では二年ほどかけると言います。せっかく長期間かけてつくった経営理念を風化させないために、浸透をはかるための部署を設置するのもいいかもしれません。

本当に理念が浸透しているか、一カ月に一度か半年に一度、研修会社やコンサルタントを使ってチェックするのもいいでしょう。

従業員に与えるべき「責任」と「権限」

従業員に対して徹底したトレーニングをしたとしても、人間のやることです。やはりミスは出ます。問題は、ミスが起きた場合にどうするか、なのです。トラブルやミスが起きた場合、普通の企業には、詳細に対応が記載されたマニュアルが準備されていたり、上司に相談したりすることが多いようです。

マニュアルはある程度役に立ちますが、問題もあります。まず、末端の従業員まで、そこまで細かいことを記憶できないということです。お客様の前で「マニュアルを見てきます」と言って中座することはできません。また、いかに詳細なマニュアルと言えども、書かれていないトラブルも起こりますから、そういった場合、対応不可能になってしまいます。

上司に相談する場合も中座しなければいけませんから、即時対応が不可能となり、結果、お客様の不信感をより増大させることになります。

トラブルやミスが起こった場合、対応の基本は従業員に「決裁権」を与えることです。

つまり、細かいことを規定せず、現場での従業員の判断を信じ任せておくのです。

たとえば、レストランでウエイターがお客様のシャツにコーヒーをこぼしました。このとき、どのように対応するべきでしょうか。

まず、クリーニングが必要なのかどうなのかを判断します。クリーニングが必要なのであれば即手配し、お客様に代わりのシャツがなければすぐに用意します。また、心からの謝罪の表現として、簡単なお土産をお持ちするのもよいでしょう。決裁権があると、これらすべてを末端の社員でも自分の判断で行うことができるのです。

決裁権がないと、従業員は現場でおろおろと立ち往生するだけでしょう。一流店で働く紳士淑女がおろおろしているわけにはいきません。

つまり、従業員には、「責任」と「権限」の両方を与えるべきなのです。普通は、「責任」だけを押しつけがちです。しかし、「責任」だけを押しつけられて喜ぶ従業員がいるでしょうか。不満が募るだけではないでしょうか。

そんなこと言っても末端の従業員に権限など与えられない、と思う方は多いでしょう。確かに、そうです。だからこそ、「徹底した企業理念のトレーニング」を行うのです。そして、その理念を理解できた者だけが、継続してサービスにあたるのです。徹底した教育の後は、従業員を信頼するのです。「徹底して教えたが、やはり従業員は信頼しない」というのであれば、最初から教えないほうがいいのではないでしょうか。

パートやアルバイトに対しても同じように、徹底して経営理念を浸透させてから現場に出すべきです。

パートやアルバイトだから経営理念など関係ない、現場で下働きさせておけばいい、という考え方は適当ではないと思います。パートやアルバイトでも、トラブルやクレームの現場に直面することは多々あるからです。

そのときに、お客様に満足を与えるのが「決裁権」なのです。

失敗とは「機会」

トラブルやミスが起き、お客様に謝罪した後、皆さんのお店や職場では、どのようにしているでしょうか。

お客様に納得してもらえさえすれば、それで終わり、ではいけません。トラブルやミスというのは、個人の資質によるもののほか、その店や職場のシステム機能の欠陥から生じている場合があるからです。

ミスやトラブルを解決したら、スタッフに「レポート」を書いてもらいましょう。ミスが起きた状況、解決までのプロセスを客観的に書くのです。

断っておきますが、これは「始末書」ではありません。始末書のように責任の所在を明確化するものとは趣旨が異なります。

レポートはそのミスの内容をみんなで分析し、再発防止策を考えるためのものなのです。

これを始末書にしてしまうと、従業員はなるべく自分の責任を軽くしようと、本当のことを書かなくなります。

ミスやトラブルは、お客様との新たな関係性構築のための絶好の「機会」です。ですから、その過程をありのままに把握しなければなりません。もちろん、ミスやトラブルを起こした責任を感じてもらう必要はありますが、レポートという意識を持てば、従業員も客観的に書き、提出するはずです。

高校受験に失敗した学生が、大学受験で成功する場合があります。

一度目の就職に失敗した社会人が、二度目の転職で成功する場合があります。

一度会社を倒産させた人が、二度目の起業で大成功する場合があります。

大切なのは、一度目の失敗を「機会」と捉え、そこから何かを学び、つぎに活かすかではないでしょうか。

2

スタッフへの
ホスピタリティ

「自分の周りは全員お客様」の意識が、すべてを変える

ここまで、「最高のおもてなしとはどういうことか」について述べました。

ここからは「最高のおもてなし」を実践するためには何をするべきかを考えていきたいと思います。

まず必要なのは、あなたの会社やお店で働く従業員に満足してもらうことです。

従業員が満足すれば、自然と職場で最高のパフォーマンスをしてくれることでしょう。

この本が目的とする顧客満足の実現に、また一歩近づくことになります。

ところで、私は、お客様を二種類に分けています。お金を支払ってくれる「普通のお客様」と「社内のお客様」です。社内のお客様は、狭くは従業員、広くは仕入れ先の業者様までを含みます。

まず、お金を支払ってくれる普通のお客様については、支払額の大小があると思いますが、あくまでも平等に見なす、という観点が大事だと思います。ましてや、小さな額しか

支払わないお客様を軽視するのはもってのほかです。

つぎに、社内のお客様です。あなたがもしどこかの部署のリーダーであるなら、その部下はお客様である、との認識で接するのです。

お客様であると思えれば、部下に対して、ぞんざいな言葉や態度は出てこないようになると思います。それだけで部内の雰囲気がよくなるのではないでしょうか。

お客様であると思えば、社内からの意見やアイデアも、吸い上げようと思うのではないでしょうか。

また、リネンや食料品卸、掃除などホテルにはさまざまな業者の方が出入りします。それらの方々を出入り業者と呼んで軽んじてはいけません。お客様だと思えば、これら業者の方々からもいろいろと学べる点が出てくるのです。

たとえば、業者の方と仲良くしていると、より詳しい業界の情報を正しく知ることができます。業者選びにも役立つのではないでしょうか。

極論すれば「自分の周りの人すべてがお客様」という意識になれば、自分の職業人生のすべてが変わると思います。どんな人でも尊敬して接することができるようになります。

すると、それぞれの方のあなたに対する「満足度」が変わってきます。

私はお客様に二種類あるということを、長い職業人生をかけて知ることができました。

そして「社内のお客様」からも多くを学び、それを仕事に活用してきました。

一般的に考えられている普通のお客様だけでなく、社内の従業員もお客様であり、出入りする業者もお客様。

この二種類のお客様の満足度を上げないことには、売上は変わってこない――と、まずは心に留めておいてください。

「従業員満足」は「顧客満足」の大前提

お客様が満足されるサービスを提供するためには、前提条件として従業員の職場環境が整っていないといけません。従業員が会社に対して不平不満があると、お客様に気持ちよく接することは不可能となります。快い気持ちを常に持ち続けている人だけが、他人に気持ちのよいサービスを提供できるのではないかと思います。

ではどうすれば会社や職場に対する不平不満をなくし、従業員に気持ちよく働いてもらうことができるようになるのでしょうか。

これは「従業員満足」と呼ばれるものです。

もしも、読者の皆様のなかで部下を持つ人がいるなら、部下を部下として見下してはいけません。部下をお客様と思うことによって、部下は満足し、結果、部下の成績も上がるようになるのです。従業員もお客様という認識が、これからのサービス業に必要なのです。

もちろん、基本的な給料や福利厚生の問題など、働きやすい環境はできるかぎり整えたうえでのことです。

従業員に気持ちよく働いてもらうため、ひとつ大切なことがあります。

それは従業員の適性を見分け、一番力を発揮しやすい仕事や部署を見つけることです。

その部署や業種に合っている従業員は、実にイキイキと仕事をしています。イキイキしている姿は、お客様から見ても大変気持ちのよいものです。

何事も適材適所です。

たとえば、ホテルには総務経理、人事、調理場、購買、営業、企画、フロント、宴会、ドアマン、洗い場、施設管理などいろいろな仕事があります。多種多様の職種のなかで、適材適所を実現するには、従業員を何度かしっかりヒアリングして、性格と仕事が一致する部署を見つけることが大事でしょう。お客様と話すのは苦手だけど、社内の人間とコミュニケーションをとるのはうまい——こういう人は、労務管理をする部署に配置したほうがいいでしょう。

また、私のように、英語もコンピュータもできないけれど、お客様とコミュニケーションをとるのは得意中の得意である——そういう人は、積極的に営業に出したほうがいいでしょう。

ときどき、本人が就きたい業種と性格が合っていない場合があります。これは、やはり上司が指摘しなければなりません。仕事を変える際にやる気を失うと、上司にとっても部下にとっても不幸になってしまいます。

「私から見て、あなたは今の部署よりあちらの部署のほうが本来の適性を伸ばせるように思う。どうだろうか」と。

従業員満足は、給与のアップだけでは得られません。たとえ、年収を何千万円ももらっていても、その仕事に誇りを感じられなかったり、会社や上司を信用できないと思えば、優秀な人ほどすぐに転職してしまうでしょう。

従業員満足は、あくまでも、自分が会社から正当に評価されているかどうか、で決まります。自分の職場を気に入り、仲間から「あなたは必要だ」と認められている人が、職場で最も力を発揮するのではないでしょうか。

「従業員満足」が仕事の質を高める

太閤園で働いていたとき、上司に楠徳彦さんという方がいらっしゃいました。私にとって、こんなにすばらしい上司はほかにいませんでした。よく私のような生意気な若造の言うことを何でも聞いてくれたものだと、今でも感謝の念が絶えません。

「林田君、あなたの言うことは一〇〇%受け入れよう。その代わり、売上を上げてほしい」

「わかりました。お任せください。その代わり私の無理を聞いてください」

と言い合うようなフランク（率直）な関係でした。

楠さんから見た私は、数ある部下の一人だったのかもしれません。が、私は楠さんと二人三脚で頑張ってきたと思っています。二人で「この施設を大阪一の迎賓館にしよう」と、さまざまなことを考え、実行してきました。

著名人の講演会を開いたり、ゲストを呼んでフォーマルパーティーを開催したりしました。私が企画運営の責任者でしたが、なぜか最終的に楠さんの助けが必要な場面が出てくることが多かったのです。

私が企画に困っていたとき、アイデアを提供してくれたこともありました。

太閤園は旧藤田男爵邸を利用しており、男爵が所有していた年代物の器が二〇組も残っていました。私など、若い頃は芸術に造詣がなかったので、器を見ても何とも思いませんでしたが、実は、古物商が見ても目が飛び出るような価格がつくものばかりです。楠さんは私に「この器を使ったパーティーを企画してみたらどうか」と提案してくれました。

結果は大成功でしたが、そういった渋い企画は、当時の私のような若さでは思いつかなかったものです。

イベントが成功したり利益が出たときは、「ちょっと林田君、来なさい」と呼ばれ、楠さんからお肉の折り詰めと金一封をもらったこともありました。今から思うと、会社の経費ではなく、ポケットマネーだったと思います。

「奥さんに食べてもらえ」

私だけでなく家族のことまで気にかけてくれていると思えば、自然とやる気が湧いてきました。私が今「顧客満足」とともに大切にしている「従業員満足」という発想の根本には、楠さんとの出会いがあったのだと思います。

2 スタッフへのホスピタリティ

もうひとつ、楠さんに助けてもらったことがあります。

それは、青木功さん、王貞治さん、九重親方（元横綱・千代の富士関）の三名を招いて、「頂点を極めた男たち」というフォーラムを企画したときのことでした。九重親方が個人的にOKをくださっているにもかかわらず、相撲協会が「この講演会は興行にあたるので、許可できない」と言うのです。チケットを売って人を集めるのですから、確かにそうです。

いろいろと思案しましたが打つ手がありません。これまでの努力が水の泡になるかもしれない、もうこの企画は諦めようと思い始めたとき、

「フォーラムとパーティーを分けて考えたらどうか」

と知恵をくださったのが、楠さんです。

「パーティーチケットを買ってくださった方には、無料でフォーラムに招待します」という形式です。相撲協会もしぶしぶ納得してくれました。

従業員満足は、仕事の質を飛躍的に上げることにつながります。仕事の質が上がれば、喜ぶのはお客様なのです。

従業員教育の根幹は「経営理念」

接客サービスに学歴はあまり役に立ちません。

中学しか卒業していないけれど何年か現場での経験を積んでいる、という人のほうが、大学を卒業したての新入社員よりも強いでしょう。接客サービスにおいては、何よりも経験が重要だからです。

もちろん、単に年数がたてばいい、というわけではありません。短い時間でもサービスセンス（感性）を身につけることができる人はいます。部分的には、先天的な素質もあるのです。

うまく接客できない人というのは、表現するのが苦手という人かもしれません。「適切な気くばりをしたい」「お客様が喜ぶお世話をしたい」という気持ちがあったとしても、表現ができないのです。しかし、言葉や態度で示さないとお客様には伝わりません。

接客サービスの基礎を築くには、私の従業員教育の経験上、七～一〇年はかかるように思います。どんな業種でもあまり変わらないのではないでしょうか。もっとも、年数の短縮は教育次第で可能だと思います。

あとは性格の問題です。同じ教育内容でも、多くの年数を必要とする人がいるのです。「素直」な性格ほど、学ぶ時間が短くなるのは言うまでもありません。頑固な人が一度間違った仕事のやり方を身につけるとなかなか直らないので、やはり成長するのに時間がかかります。

もし、「従業員の気が利かなくて困る、ぜんぜん働かない」という悩みをお持ちの現場リーダーの方がいたとしたら、売上が上らない理由を従業員のせいにしてはいけません。

現場リーダーになるぐらいですから、おそらく仕事がよくできる人だと思います。しかし、そういう人は、「従業員とリーダーの役割は違う」ことに気がついていないのではないでしょうか。「この部下はいつまでたっても仕事ができない」と決めつけ、部下でもできる仕事を自分がしていませんか。「自分が動く」ことも大切ですが、リーダーとなってから必要なのは、「人を動かす」ことなのです。

では、どうすれば部下を効果的に教育できるのでしょうか。それにはリーダーとして、「会社の経営理念」を部下に植えつける、という信念が必要です。

いくら従業員教育をして立派な人材ができあがっても、「会社の経営理念」が社内に浸透していないと、その従業員が辞めてしまえばそれで終わりです。

「会社の経営理念」という共通の価値観を従業員が均質に共有できるようになると、個人の力に頼らなくてすむのです。

「超一流」と言われる企業の強みはここです。

社長が変わっても、サービスの質は維持され続けます。たとえば、普通のホテルの場合は、支配人が変わった、料理人が変わった、優秀なフロントマンが変わったとなると、その職場の考え方まで変わってしまいます。良いほうに変わればいいのですが、悪いほうに変わる場合もあります。

「経営理念」に基づいた経営を行う企業は、どんどん成長していくでしょう。

一方、「理念」のない企業は、どんどん衰退していくでしょう。

何年もたつと取り返しのつかないほど差が広がり、歴然たる格差が生まれるのです。

従業員の接客サービスの向上に必要なのは、学歴でなく、「経営理念」なのです。

「感性」プラス「コミュニケーション能力」が「売上」に

通常の従業員教育では、主に技術的なことを指導します。「感性」の部分は教育しにくいのです。先天的に「感性」が豊かな人はいます。しかし、どちらかというと、そうでない人のほうがなぜかサービス業に就いています。

サービス業に適性がある人は、全体の二〇％位（トップレベル）だと思います。普通の人（平均レベル）が三〇％。残りの（ボトムレベル）五〇％はサービス業にあまり適性のない人です。勘違いしないでいただきたいのは、「（平均レベルとボトムレベルを足した）全体の八〇％の人はダメだ」と言っているのではありません。あくまでもスタート時の実力で、あとは努力次第だという意味なのです。

従業員教育としての目標は、「平均レベルの三〇％をトップレベルに、ボトムレベルの五〇％の人を平均レベルに引き上げる」ことだと思っています。

サービス業の教育のコツは、自分をお客様の立場に置き換えて考えるクセをつけさせることでしょう。客観的になる必要があるということです。

これは将棋と同じです。いい指し手を見つけようと思えば、相手のほうから盤面を見ればいいのと同じことです。

恥ずかしながら、私自身の適性はトップレベルの二〇％に入っていないような気がします。平均レベルの少し上のほうでした。自分で言うのは何ですが、後天的な努力で伸ばしてきた部分が多いと思います。

たまに天才的なサービスセンスがある人がいます。しかし、その人は当たり前にそれをこなしているので、自分のどこがよいのかわかっていない場合があります。すると、プレイヤーとしての成績はよくても、部下の指導はできないこともあります。また、このような人はほかのホテルからスカウトされることも多く、大きな痛手になってしまいます。

人はさまざまです。お客様と接するのは上手だが、部下の管理や社内のチームワークを保つのは苦手という人もいます。非の打ちどころのない人というのは、現実にはなかなかいません。

「感性」が豊かというのは、「自分を取り巻く状況のなかで、いかに臨機応変に対応できるか」ということを言います。マニュアルどおりのワンパターンの接客ではない、応用力のことです。また、一部のお客様の受けはいいが、ほかのお客様に不快感を与えるというのではいけません。お客様が一〇〇人いらっしゃったら、九五人には満足していただけるようにならなくてはなりません。

さらに、その能力を実際の売上につなげられるセールスマンシップを持っているかどうか、です。お客様とのコミュニケーション能力が高い人は多くいます。しかし、お話しできるだけではダメで、実際に成績に結びつけられるかが、大切です。この壁を越えられない人は多いでしょう。私自身、先輩の営業マンに付いている間になんとかノウハウを吸収しようとして悪戦苦闘した思い出があります。

サービス業における必要な「感性」とは、まず、一〇〇人中、九五人の人を満足させられること。次に、そのコミュニケーション能力を売上に結びつけられること、の二つだと思います。

仕事への誇りがサービスのレベルアップにつながる

少し本質的な議論をしましょう。

少し前には、サービスに携わる人全般が、軽んじられた傾向がありました。たとえば、喫茶店に入ったお客様が偉そうな態度でウエイターに接する。理不尽な要求を出したりする――こういう人たちは、「お金を出すのと受け取るのでは、出すほうが偉い」と思っているようです。

逆に、戦時下の統制経済や社会主義国では、塩や米などの専売品を扱う場合、あきらかに店側には、「売ってやっている」という尊大な態度がありました。

私は、このどちらもおかしいと思うのです。

本来、サービスする側とされる側に上下があってはならないでしょう。

モノが豊かになるに従って、売る側がお客様を下に見るということは、あり得なくなりました。しかし、反対にバーテンダー、ドアボーイ、ポーター、フロントマン、売店の係員、バスガイド、調理人、ウエイトレス、仲居、運転手、掃除をする人、こういったサービスに携わる人々は下の身分と見なされていたと思います。

このような職業では、お客様と軽々しく口をきけないという雰囲気もありました。レベルの高い人は、そういった職業に好んで就きませんでした。

なぜそんなに下に見られていたのでしょう。誤解を恐れずに言うなら、自分の職業に「誇り」がなかったからではないでしょうか。販売員やサービスマンが正確で豊富な商品知識を身につけ、品格を保ち、高い教養を持った紳士淑女であれば、お客様も簡単にバカにできなくなってきます。

そういった風潮に変化があらわれました。たとえば、一昔前に流行った『料理の鉄人』というテレビ番組です。

この番組に出演していた料理人の方々は、料理人という職業の地位向上に大きく貢献したと思います。また、一般には「一介のウエイター」という認識でしかなかった「ソムリエ」も、ブームとなって地位も確立され、豊富で正確な商品知識を活かしてお客様に喜ばれています。

お客様を軽んじるつもりはないので誤解しないでいただきたいのですが、私はこれから数十年の間に、お客様と従業員との関係はかぎりなく対等に近づいていく、と思います。現に「超一流」と呼ばれるホテルでは、そのようになりつつあります。

もし、今この瞬間、仕事に誇りを持たずにサービス業に従事している読者の方がいらっしゃるとすれば、それは時代の流れに逆行していることだと思うのです。従業員が職場や職種に誇りを持てるようなシステムをつくることが、サービス業全体のレベルアップにつながるのです。

そして、従業員が自分の仕事に誇りを持ち、職場に満足できれば、おのずとお客様を満足させることができると思います。従業員満足は、顧客満足と同じくらい大切なのです。

売ってやっているという偉そうな態度、仕事に誇りを持てない態度。両極端ですが、サービス業においてはどちらもよくありません。

仕事に誇りを持ったうえで、自分の仕事の地位向上に努めましょう。結果として、営業成績は上がってくるはずです。

従業員のモチベーションを高めるには

かつて日本企業のスタンダードだった年功序列の賃金制度が崩壊しました。代わって導入されたのが、成果主義制度です。つまり、成績を上げたら上げたぶんだけ能力給を払いましょう、という考え方です。皆さんの職場ではどうでしょうか。すでに成果主義制度を導入されている企業も、多いのではないでしょうか。

実は、成果主義制度を取り入れ、たくさん給料を支払っているにもかかわらず、「スタッフは喜んでいるように見えない」「働き方もあまり変わらない」「意欲につながっているように見えない」という悩みを抱えている企業が多いのです。

アメリカの臨床心理学者、フレデリック・ハーズバーグは、「給与は衛生要因（不満を解消すること）であって、これを高めても動機づけ（満足を与えること）はできない」と述べています。

では、ほかにどのような方法で、スタッフのモチベーションを上げることができるのでしょうか。

それはスタッフに正当な「評価」を与えることです。

リッツ・カールトンには、優秀なスタッフを「評価」する「ファイブスター制度」というものがありました。従業員はホテルマークを胸につけていますが、優秀な社員はこのマークに五つの星がつきます。これをファイブスターというのです。優秀かどうかの基準は、「経営理念」を実際の仕事でどう活用したのかで決められます。

ファイブスター社員は三カ月に一度、五人が選ばれます。各部署から一人ずつ候補者を出し、マネージャークラスの討議を経て、五名が選ばれるのです。

ファイブスター社員は、全従業員の模範と位置づけられていますので、誇りを持って仕事をします。また、私の場合、お客様にも「彼はファイブスター社員ですから、何でも申しつけてください」と紹介することがありました。そうすると、以前よりもやる気を持って仕事をするようになるのです。

ハーズバーグは、「従業員を動機づけられる要因は、仕事の達成を認められたとき、仕事をとおして成長できると実感できたときである」と言っています。

金銭というのは、自分の存在を認められたことへの多少の印として重要ですが、スタッフの動機づけには、金銭だけでなく、「評価」などほかの方法もあるのではないか、と考えることが大切になってくると思います。

人というのはお金で動くのではない、という原則をまずは理解してほしいと思います。だからと言って、「では、自社にもファイブスター制度のようなものを取り入れて、スタッフにやる気を出してもらおう」、と先走りすぎると、失敗する恐れがありますので、注意が必要です。人事制度の運用に失敗すると、以前よりも業績が下がってしまう危険性があるからです。せっかく人事制度を変更しても、業績が下がっては単なるやり損です。

ファイブスター制度に学ぶべきところは、「経営理念を実際にどのように活用したか」が、評価基準になっていることです。

何円の、または何件の営業成績を達成したか、という数字が判断される世界ではありません。数字はあくまでも目安なのです。

いい評価制度をつくれば、スタッフのモチベーションは確実に上がり、業績は向上します。いい評価制度をつくるには、その基準が必要です。その基準である「企業の経営理念」をまずはしっかり時間をかけてつくりましょう。そして、すでに経営理念をお持ちなら、現場に浸透させるように努力しましょう。

サービス業にこそ必要なチームワーク

どんなサービス業でも、あるお客様に対し、担当者がいると思います。

しかし、その担当者一人で、すべての業務をこなすことは不可能です。

たとえば、歯医者さんに行ったとしましょう。一見、担当の歯医者さん一人で治療しているように見えますが、そうではありません。受付の人がいます。歯医者さんの側で治療中、薬品の調合などの手伝いをする歯科衛生士さんがいます。さらに、裏方では差し歯や詰め物を作る歯科技工士さんがいます。

これらの人がたとえ一人でも手を抜くと、その歯医者さんはお客様から信用してもらえなくなるでしょう。たとえば、いくら丁寧に虫歯を治療したとしても、歯科技工士さんが作った差し歯や詰め物が患者さんの歯のサイズに合わなかったりすると、その歯医者さんはヤブ医者、という評判が広まってしまうからです。

このように、一見、個人プレーが重要と思えるようなサービス業でも、やはりチームワークが大切です。個人の力には限界があります。

ところで、超一流のホテルでは、初めてのお客様でも名前で出迎えられ、かつ、チェックインと部屋までの誘導が非常にスムーズです。

どうしてこのようなことが可能になるのでしょうか。

理由はいくつかありますが、重要なのはチームワークです。

ドアマンは、本日到着されるお客様の名簿を持っており、そこにはだいたいの到着予定時間が書かれています。ですので、到着時間でお客様のお名前が絞られてきます。初対面などでわからない場合は、荷物についた航空機利用の際のタグなどで確認します。

名前が判明した時点で、ドアマンは装着した小さなインカムでフロントにお客様の到着を知らせ、フロントは即座にキーの準備にかかります。同時に、ベルマンにもゲストの名前と滞在する客室番号が知らされ、迅速に荷物が運べるのです。

このようなサービスは、チームワークがなせる業です。ひとりで不可能なことが、チームワークで可能になるのです。チームワークはサービス業にとって非常に大切な要素なのです。

では、皆さんの職場ではチームワークをよくするために、何かやっていらっしゃるでしょうか。

チームワークというと、よく勘違いされることがあります。チームワークと「仲良し」は別のことです。たとえ、チームの構成員同士の仲が悪くても、チームワークがよい場合があります。チームの構成員の仲がよくても、チームワークが悪い場合もあります。「仲良し」になろうと意識するあまり、飲み会を行ったり、研修と銘打ったただの遊興の旅行を企画したりするリーダーがいます。ですが、こういったことは、チームワークのよさとは無縁です。

では、何がチームワークをよくするのでしょうか。それは「目標」です。簡単な「目標」ではチームワークは生まれません。ひとりでは達成が難しいほどの「目標」を持って初めて「助け合わなければ」という理解が生じ、チームワークがよくなるのです。

繰り返し言っているように、この場合の目標とは、「経営理念」のことです。お客様にどんな満足を与えたいか、が企業として明確にあれば、それを目指す従業員のチームワークは自然とよくなるのです。

「個人プレー」ではお客様に感動を与えられない

海外のホテルの場合、セクショナリズムが強く、また専門職として雇われているからでしょうか、他の部署の仕事を安易に手伝ったりすると、親切心は無視されて、怒られることがあると言います。

ですから、たとえば宴会のスタッフが手薄なとき、ハウスキーパーに応援をお願いするということも嫌がられますし、お客様の荷物をベルボーイに黙って運んだりすると、「チップを損した」と、怒られるのだそうです。こんな状態では、チームワークを発揮することは不可能です。

日本では信じられないかもしれませんが、これが海外のホテルの実状なのです。反対に、こういうホテルも実在します。「『お客様の到着が集中してベルボーイが足りない』――そうですか。宴会のスタッフから二～三人そちらに回すことにしましょう。それで足りますか」と。従業員同士が自ら喜んで助け合うのです。

では、なぜそういう行動ができるのでしょう。

それは、助け合いを奨励する仕組みがあるからです。たとえば、そういったところでは、全従業員がカードを持っています。助けてもらった従業員が、相手に感謝の気持ちを表せるカードです。このカードは相手に渡すだけではなく、同時に人事部にも回され、「誰が、誰に、どんな手伝いを、いつ、どのようにしたのか」が記録される仕組みとなっています。正式な人事資料として残るのです。

従業員同士がお互いに助け合う仕組みは、お客様にとって喜ばしいことではないでしょうか。

ラグビーに「みんなは一人のために、一人はみんなのために」という言葉があります。団体スポーツではメンバーがお互い助け合わないと、勝利はおぼつきません。

サービス業も同じだと思います。余談ですが、私自身も含め、学生時代にスポーツの体験がある人は、サービス業において多少メリットがあるように思います。

これまでうまくいっていたのに、最近は会社の業績が落ち込んでいる、従業員にハッパをかけ続けているが、伸びる気配はない――こういうときには一度、「セクショナリズムが強まって、チームワークが軽んじられているのではないか」と疑ってみてください。そして、どのようにすればチームワークが自然と生まれてくるのか、全員で検討してみるのがよいでしょう。

前項で述べたスムーズなチェックインというのは、ラグビーで言うとサインプレーに、また、バレーボールで言うとAクイックやBクイックに該当するかもしれません。いずれにせよ、効果的な行動をするには、全員の息が合ったコンビネーションが重要になってきます。

お客様が賢くなった今、お客様に満足や感動を提供するには、チームワークが最も重要になってきています。

「個人プレー」のサービスでお客様に満足や感動してもらおうというのは、もう無理な時代になってきているのかもしれません。

従業員同士の会話が敬語であるべき理由

あなたが現場のリーダーだとします。部下の一人が、お客様の見えるところでミスをしたとします。このようなとき、普段どう注意していますか。

「バカ、しっかりしろ！」

と荒々しく命令口調で言うのだけは、避けたほうがいいと思います。

あなたが普段お客様に丁寧な言葉で話していればいるほど、それを聞いたお客様はショックを受けるからです。

「私にはあんなに親切なのに……。部下には厳しいのね。なんだかこの店、居心地悪い」

となってしまうからです。

もしあなたに家庭があって、家族がよくケンカをしているとしたら、どう思いますか。

「なんだかこの家、居心地悪い」となり、おのずと帰宅する時間が遅くなるのではないでしょうか。サービス業も同じことで、部下に注意する仕方ひとつで、お客様がお店に寄りつかなくなってしまう可能性があるのです。

では、どのように注意すればいいのでしょうか。

「どうしたんですか。気をつけてくださいね」

と、敬語で注意をするのです。注意を受けた部下も気分を悪くしませんし、お客様も居心地が悪くなりません。

敬語はお店の基本です。注意するときだけでなく、お客様の前で従業員同士がする会話は、すべて敬語が基本です。マナーのなっていないお店というのは、従業員同士が普段話している言葉がそのまま、お客様の目の前で出てくるものです。

たとえば、あなたがアパレル店で働いているとします。お客様から、店の奥に陳列してあるスカートを見たいと言われ、そこには部下がいたので、頼みました。

「ちょっと、そのスカート取ってくれ」

極端ですが、これを聞いたお客様はどのように感じられるでしょうか。気に入って自分が購入するかもしれないスカートなのに、言葉ひとつで自分のものがいい加減に扱われている気がしてしまうのではないでしょうか。

従業員同士の上下関係というのは、お客様にはまったく関係のないことです。

もうひとつだけ確認したいことがあります。お客様に聞かれたくない会話をどのようにしていますか。一番いけないのは、お客様から見える位置でこそこそ話をすることです。お客様からすれば、自分のことを言われているのではないかと、どうしても思ってしまうはずです。レストランで食事をしているとき、店員同士がこそこそ話をしていると、「早く食べ終わってほしいと思っているのかな」「食べ方のマナーが悪かったのかな」などと考え始めてしまって、気分がよくありません。

お客様の見える位置での従業員同士のこそこそ話は、しないようにしましょう。それなら、堂々と敬語で話し合っているほうがまだましです。全部が聞こえないことで、お客様にいらぬ気をつかわせてしまうからです。また、従業員同士がこそこそ話をしているような店は、なんとなく店内に張りがなく、だらしない雰囲気になります。話している本人同士は楽しいかもしれませんが、それはただの馴れ合いなのです。

従業員同士の会話は、たとえ叱責でも敬語が基本で、こそこそ話は厳禁です。従業員の細かな気づかいが、お客様を安心させるのです。

3

ホスピタリティを実践する

「お客様のために」という視点を持ち続ける

「長所を見る」ということは、仕事全体でも必要なことです。

かつての職場の恩師が話した言葉で、今も忘れられないものがあります。

「やればやるほど、そこには必ず何か問題が起きてくる。人はその問題（短所）ばかり見るが、いいところ（長所）を見なければならない」

（ ）部分は私が補った部分です。一〇〇の仕事をする人と、一〇〇の仕事をする人、それぞれ一割ずつミスがあったとします。一〇〇の仕事をする人は一〇のミス、一〇しかやらない人は一のミス。どちらが目立つかといえば前者のほうですが、そのかわりその人はプラス九〇の仕事をしているのです。ここで大切なのが上司の役割です。

「おまえはミスばかりしている」

と短所ばかり指摘する上司では、部下を育てることはできないでしょう。私の恩師は、九〇の部分を見てくださる方でした。

ここで皆さんに考えていただきたいのです。いい上司か悪い上司かは抜きにして、あなたは一〇〇に挑戦するか、一〇に挑戦するのかどちらか、と。

どちらを選んだほうがいいかという問いではありません。もし一〇〇に挑戦するのであれば、人から一〇のミスを責められるのをある程度覚悟したほうがいいでしょう。人のミスを、鬼のクビを取ったように責めてくる人というのはどこの会社でも必ずいます。しかし、一〇〇に挑戦しようという積極的な意志を持つならば、責められたからといって決して弱気にならないことです。ミスや他人からの批判は自分が頑張っている証だ、というぐらいに胸を張っているのがよいでしょう。

自分には一〇しかできないというのでも構いません。若いうちは特に、自分が力を発揮できる分野の仕事を与えられていない可能性があるからです。いずれ配置転換などで実力を発揮しやすい部署につける、と気軽に構えていましょう。

一〇しかできない、というところを逆手にとって狭い分野のエキスパートになるという手もあります。小さなニッチの分野を突き詰めるのです。

豊臣秀吉が、織田信長の草履取りだったのは、有名な話です。普通の人間だったら、草履取りという仕事を一生懸命やろう、という気持ちにはなかなかなれないのかもしれません。

しかし、秀吉は違いました。この草履取りという仕事に誠意を込め、自分の主人に喜んでもらうためには、どうしたらいいか真剣に考え、実行していきました。そして、ある冬の寒い日に、自分の懐で草履を温めるという手段を考え出したのです。

この秀吉の逸話はおそらく伝説（創作）でしょう。しかし、信長に気に入られるため、秀吉がどんな小さな努力も惜しまなかったという姿勢は本当だったのではないでしょうか。

今、自分が置かれている状況がどんなにつまらなくても、「お客様のために」という視点を外さず、一生懸命工夫してみましょう。そこに仕事の喜びが必ずあるはずです。たとえば、喫茶店やレストランの場合、お客様に少しでも温かいコーヒーを飲んでもらうにはどうしたらいいだろうか、と。コーヒーカップの温め方ひとつでも、まだまだ工夫の余地があるかもしれません。

そのようなサービスが自分の「長所」の延長線上で行われるようになれば、言うことはありません。

お客様を適切に見分ける方法

自分がひいきにしている店で、お客様が一番不満に思うことは、何でしょうか。

それは、名前を覚えてもらえず、いつまでたっても「その他大勢」のお客様として扱われることです。では、一番嬉しいことは何でしょう。名前を覚えてもらい、店にとって一番大切なお客様として個別対応（パーソナルサービス）してもらうことなのです。

パーソナルサービスを適切に行うためには、初めて店にいらっしゃったお客様について、「今後店にとってどういう種類のお客様になっていくだろう」と、ある程度適切に見分ける必要があります。

まずは「外見」を見ましょう。ファッションや持ち物はお客様を見分ける大切な情報です。何十万円もする立派なスーツを着ていても靴がスーパーの安物であるなど、あまりにもアンバランスなのは、よいお客様とは言えません。お越しになる車の種類、胸の社章などからもいろいろと類推するようにします。

つぎにお客様の「顔」です。私の経験では、ボーッとしているよりも、引き締まっているお客様のほうが、今後よいお客様になる可能性が高いと思います。

最後に、抽象的な話になりますが、お客様から自然に発せられる「雰囲気」も重要です。俗に言うオーラのようなものです。先ほど述べたファッションや持ち物、顔などすべてを総合したものを私は「雰囲気」と呼んでいます。冷たい「雰囲気」よりも、温かい「雰囲気」を持つお客様が、今後にとってよいお客様です。

「雰囲気」を察知するには、それなりの社会経験が必要です。まずは有能な上司のそばについて、どのようにお客様に接しているか、判断しているかを、学ぶようにしましょう。

また、集団が醸し出す「雰囲気」は個人よりもわかりすいものです。たとえば銀行員の方は銀行マンらしい「雰囲気」を持ち、オーソドックスなスーツを着ている場合が多いのでよりわかりやすいものです。学校の先生や警察官もすぐにわかります。同様に、大企業の社員と中小企業の社員も「雰囲気」が違います。話が少しそれますが、その際、その集団のなかで、誰が一番役職が高いかも見分ける必要があります。なかには一見貫禄がない方が、一番偉い役職であったりしますが、それぞれの人がどのような敬語の使い分けをしているかで、推測できるでしょう。

このように、個人個人では瞬間的に見分けにくいお客様も、集団で来られると経験がなくても何となくわかります。私でもすべて当たるとは限りませんが、会社員なのか、自由業なのか、役所関係の人なのか、ある程度予測がつき、一応の予想に基づいて対応をしています。個人のお客様がわかりにくければ、まずは、集団の「雰囲気」を感じるようにしましょう。「集団の雰囲気」がわかるようになると、個人のお客様の「雰囲気」も何となくわかるようになってきます。

警察官もベテランとなると、雑踏のなかでも「こいつは挙動不審者だ」と見分けられるそうです。誰でも彼でも職務質問しているわけではなく、経験によって培われた確かな勘で、行動しているのです。

ホテルマンも同様であるべきです。ちゃんとした仕事をしていて、お金の支払いもよさそうな、これから自分が付き合うべきお客様を見分けなければなりません。こればかりは勘と経験がなせる業としか言いようがありませんし、残念ながらこの技術を言葉で人に伝えることはできません。自分で培うしかないでしょう。

その際に大切なのは、お客様を「その他大勢」と見ないことです。できるかぎり個人としてのお客様に関心を持ち、名前を覚えるようにしましょう。すると同時に、勘も働くようになっていくと思います。トライ&エラーが大切です。

例外的に、ホテルに草履や下駄履きでいらっしゃっても、お金をたくさん持っていて、ロイヤルカスタマーになっていくであろうお客様は確かにいます。しかし、そういうお客様を瞬間的に見分けるというのは難しいことです。例外に重点を置くより、まずは、ファッション、顔、雰囲気など外側からお客様がどんな人か推測するようにしましょう。

私の経験上、八〇%のお客様の職業や性格は外見で判断することができますが、あとの二〇%は実際に接して会話をしないかぎりは、わかりません。

お客様を適切に見分け、アプローチしていく「感性」を養うように常に心がけてください。

まずは三回お店に来てもらう

前項のようなことを書くと「お客様にはすべて平等に接するべきではないか。見分けるなど失礼ではないか」と思われる方がいらっしゃいます。お役所ならそれでいいでしょう。しかし、普通のサービス業はあくまでもビジネスです。いくら偉そうなことを言っても売上が上がらなければ、店を畳まなければなりません。

「お客様の名前を覚えよう」という項目を実践しようにも、実際には多すぎて覚えられない場合もあります。多すぎるときは、数をある程度絞ってもいいわけです。絞るときに、お客様を見分ける必要が生じてくるのです。

まずは、お店にとって重要なお客様だと思ったら、「三回お店に来てもらう」ことに尽力しましょう。三回来てもらえれば、そのお客様はお店の「ファン」になります。

一回目の来店時に大切なのは、前述のようにお客様を見分けることです。会員カードをつくるという名目や、領収書の名前、または機会をうかがって名刺交換などして、できるだけお名前を知り、覚える努力をします。

そして、お客様が帰られた後にもう一度、名前と顔を思い出して、次に来られたときに一致するように復習しておきます。意識をすると、意識をしない状態よりも名前や顔は覚えやすくなります。

二回目の来店時には、お客様のほうもこちらの顔ぐらいは覚えられて、店のシステムなども理解しています。レストランならばメニューの内容などもわかってきます。

この時点で重要なのは、お客様がいらっしゃったとき、「目で合図（アイコンタクト）する」ことです。頭を少し下げてもいいです。同時に心の中で「あなたのことは知っていますよ」とつぶやいてもいいです。アイコンタクトは、小さくても必ずお客様に届きます。お客様はあなたの顔を覚えているでしょう。知っている顔の従業員が、自分を覚えてくれているのかを気にしているものです。

あなたのアイコンタクトが相手に届くと、お客様は小さな会釈などで返事される場合が多いものです。復習を忘れていなければ、お名前を呼んでお出迎えしてもいいでしょう。

目で合図したお客様から、「あなたのことは知っていますよ。今回もよろしく」というような声にならない声が聞こえてきたら、その方は三回目につながる可能性が高いお客様です。このお客様のお名前は絶対に思い出しておきましょう。そして三回目の来店に備えるのです。

三回目の来店時には、はっきりとした口調で挨拶するといいでしょう。その際は必ず名前を添えるのです。入口に来られた時点で、「○○様、何度もご来店ありがとうございます」と挨拶できれば、ただの「いらっしゃいませ」という挨拶と、天と地の差が出ます。お客様は、このレストランで顔が通じた、と喜ばれることでしょう。

このように説明すると、リピーターをつくるのは、非常に簡単に感じられるかもしれません。しかし、一度来られたお客様の顔をすべて覚えるのは非常に大変なことですし、三回目までに確実に名前を覚えるとなると、普通のエネルギーの一〇倍ぶんぐらいが必要となります。いただいた名刺に特徴を書き込んだり、顧客カードを読み返したりしなければいけないからです。

リピーターづくりには努力が必要なのです。

ファンやリピーターを「ロイヤルカスタマー」へ

そもそも、一回目にお客様が来店されるときの動機は「高級だから」「のれんがあるから」「場所や設備がいい」「噂を聞いて」というのが、主でしょう。

ところが、二回目に来店された際はロケーションや設備には感動してもらえず、ハードは当たり前の要素になっています。従業員の気持ちのいい応対が、来店の大きなポイントであるはずです。

一回目にお客様がいらした時点で、その方がまたいらっしゃってくれるかどうかも、何となくわかるはずです。そのお店に興味を持ってくれたお客様は、店やサービスについて、いろいろと質問してくださいます。こちらが親切にお答えすると、お客様から喜びの雰囲気が伝わってきて、次も来てくれそうだと予測できるようになるのです。

三回目の来店は、二回目の接客でお客様の心をガッチリ掴むことができたかどうかで、決まります。もし来ていただけたなら、お客様は一応「満足」してくださったと思って間違いはないでしょう。

三回来られたお客様を「ファン」、五回以上の方を「リピーター（常連客）」と定義しましょう。三回をクリアできたなら、次は五回を目指してください。

ファンからリピーターになっていただくのは大変です。常連の方というのは、毎回の値段とサービスに納得をされたから来てくださったわけです。「三回目までは満足したけど、四回目に来て同じメニューしかなかった」「同じサービスだった」では、五回目につながりません。

五回以上来店されて、かつ、その店のよい噂をふりまいて営業してくださるお客様を「ロイヤルカスタマー」と呼びます。お客様がそのお友達や知り合いにすばらしさを語り、営業をしてくださる方です。そして、お店に対して「忠誠心」があり、簡単に他の店に浮気をしないお客様です。

ロイヤルカスタマーになってもらうためには、相当高い満足度を感じてもらえないといけません。「満足」というよりも「感動」が必要になってきます。

まずは、三回までの来店に全精力を注ぎ込むようにしましょう。それをクリアできたなら、五回目以上を狙い、最終的にロイヤルカスタマーになってもらえれば、その頃にはあなたの営業成績に変化が出ているはずです。

ホテルの場合、一人の従業員に対して一〇人のロイヤルカスタマーがいれば、十分経営は成り立ちます。従業員が五人だとしたら、五〇人の営業マンがいるわけですから。口コミのパワーは強大なものだと思います。数人の正社員の営業マンの力などかなうわけはありません。

商売上手で有名なユダヤ人の教えに、「あなたの周りの数十人の友人だけを大切にしなさい」というものがあります。あなたが開業したての弁護士だと仮定しましょう。あなたには親しい友人が二〇人いるとすると、その後ろにはさらに親しい二〇人の友人がおり、二〇×二〇で四〇〇人の潜在顧客がいるという計算になるのです。友人の友人に弁護士が必要なときには、あなたを紹介してくれるでしょう。

あなたは、私生活上の「ロイヤルカスタマー」を大切にしているでしょうか。サービス業も同じことです。数十人のロイヤルカスタマーを大切にするだけで、意外と経営は成り立つのです。

よいお客様は
よいお客様を連れてくる

前項までに説明したとおり、お客様には段階があります。

まずはファン、そしてリピーター、最後にロイヤルカスタマーです。ファンやリピーターというのは、ある程度サービスの基本ができていれば簡単にできます。店の会員カードなどをつくって、割引をしたりすると何度も来店してくださるような方です。

問題は、いかにリピーターをロイヤルカスタマーに変化させるか、です。おおげさかもしれませんが、ここには天と地の差があります。リピーターは、あなたの店の近くに同様のサービスをする店が開店すれば、いくら会員カードを持っていても、平気でそちらに流れていってしまうでしょう。こんな浮気性なお客様に店の売上を任せていたのでは、簡単にあなたの店は潰れてしまいます。

では、店を倒産させないためには、どうするのか。

リピーターをロイヤルカスタマーにするのです。

たとえて言うなら、ファンやリピーターというのは「普通の友達」、ロイヤルカスタマーとは「無二の親友」を指します。「友達は多くいる。しかし親友がいない」ことで悩んでいる人がいます。友達というのは、ある程度、礼儀やマナーをわきまえたり、メールや電話などを頻繁にやりとりしていれば、誰でもなってくれます。職場や学校のクラスが同じというだけでも友達はできます。しかし、「親友」となると話は別です。

親に相談できないことまで「親友」には相談しますし、苦しみも喜びもともにわかち合う経験が必要です。ロイヤルカスタマーをつくるのは、これと同じくらい大変なことなのです。

バブルの頃に比較して、近年「不況だ、不況だ」と言われてきました。不況の特徴は、大資本の商売でも簡単につぶれてしまうことです。

業界トップの会社が簡単につぶれてしまいます。反面、地域の商店街の小さなパン屋やケーキ屋が、大繁盛していることがあります。なぜ大手でもつぶれるのに、地域の小さな店が繁盛するのでしょうか。このような隠れた名店にこれからのサービス業のヒントが隠されていると、私は思います。

面白い商売をひとつ紹介しましょう。実は、ロイヤルカスタマーだけで成り立つ店があるのです。それはラーメン屋です。ラーメン屋というのは不思議な商売で、一説によると週に二～三回は通ってくれるお客様が多く、一〇〇人のうち二～三人に「この店のラーメンがうまい」と思ってもらえれば、十分商売が成り立つのです。商圏が二万人と仮定すると、四〇〇人のロイヤルカスタマーができる計算になります。四〇〇人のロイヤルカスタマーが、二～三日ごとに繰り返しやってくるのです。

そして、友達に、「あそこのラーメンはうまい。ぜひ食べにいってほしい」と、どんどん紹介します。一〇〇人のうち九八人がまずいと思っていても、少数のロイヤルカスタマーさえいれば、小さな商売なら十分に成り立つのです。

話がそれましたが、ロイヤルカスタマーから紹介してもらえるお客様というのは、いいお客様なのです。

新しいお客様への配慮も欠かさずに

「ラーメン屋はロイヤルカスタマーで成り立っている」と話すと、ひとつ誤解が生じるので、詳しく説明しておきたいことがあります。それは、店が「常連客」だけになってしまうのは危険だということです。

よくあるのは、地方のスナックや喫茶店などの飲食店、専門性が高いバイク店やダイビングショップなどです。新しいお客様が来ると、店のなかにいる常連客が「新参者め」というような目つきで見たりします。

こうなると、新規のお客様にとっては居場所がなくなり、「あの店は常連客だけを相手にしている」と思われて、もう二度と行かなくなります。常連客をつくるのは確かに大切なのですが、原則として常連客だけを大切にしてはいけません。

ホテルのレストランなどでも、注意が必要です。

たとえば店の入口で、常連のお客様と同時に、新規のお客様がいらっしゃることがあります。このときに、あまり親しげに常連のお客様と入口で話し込むことは、避けたほうがよいでしょう。常連のお客様に対しても、新規のお客様に対しても同じように「いらっしゃいませ」と、挨拶するのです。そのぶん、先ほど述べたようにアイコンタクトを送っておくと、常連のお客様は悪い気がしないものです。

お客様の席での会話も要注意です。常連のお客様とワイン談義などに花が咲き、ほかのお客様にも聞こえるような大きな声で接客してしまうと、新規のお客様はどう思われるでしょうか。あなたがお客様になった気分で考えてみてください。

なぜか「自分は常連客ではない」という、のけ者にされたような気分になっているのに気がつくでしょう。常連客と会話するのは大切ですが、周りのお客様を不快な気分にさせない範囲内で、ということを守らなければならないのです。

常連客に対しての過剰サービスもいけません。

「○○という銘柄のたばこは置いてないの？」と言われて、店主みずからが買いに行っているような店が、小さな飲食店などにはよくありますが、よいことではありません。これは「サービスの滅私奉公」と呼ばれる現象です。

何事も一生懸命取り組むことは大事ですし、「ノー」と言わないサービスも大切です。しかし、常連客のために店主みずからがたばこを買いに行っている間に、新規のお客様がいらっしゃったらどうするのでしょうか。

みすみす新たな顧客獲得機会を逃すことになります。

常連客だけを大切にしていると、特定の少数のお客様とだけ太いパイプができあがり、知らないうちに新しいお客様を遠ざける雰囲気をつくってしまうことになります。

常連のお客様だけを大切にした場合、数年ほどの単位で見れば、売上が上がるかもしれません。ですが、一〇〜三〇年という単位で考えてみてください。絶対に損をすることになるのです。新規顧客の獲得機会を逃しているからです。

常連のお客様を大切にしながら、新規顧客の獲得機会も逃さない――これがサービス業には大切な考え方なのです。どちらか一方を過剰に大切にするビジネスは、これからは成り立っていきません。

常連客への「無償」のサービスに走りすぎてはいけないのです。

お客様を喜ばせるパーソナルなサービス

正直なところ、どんな店でも、好ましいお客様というのは、紳士淑女の礼儀をわきまえた方だと思います。ですが——会員制などは別として——普通の商売では基本的にお客様を選ぶことはできません。

たとえば、雰囲気の悪いお客様がレストランに来られたら、ほかのお客様に迷惑がかからないよう、さりげなく隅の席に案内するなどの工夫も必要です。

人間とは不思議なもので、こちらが毅然とした態度をしていると、どのような方であろうとあまり問題は起こしません。

反対に、普通のお客様でも、従業員がツンと接したらどうなるでしょうか。逆上して、「なんだこの店は」と怒るでしょう。車の運転をしているとき、普段温厚な人が些細なことで怒りっぽくなっているのをよく見かけます。同様に、お客様というのは、店の人よりも自分のほうが偉いと思っている方が多いので、怒りっぽいドライバーのような状態になっていると思っておいてください。

どんなお客様でもよく相手の気持ちを理解し、親切丁寧に共感をもって「パーソナル」に接することが大切なのです。冷たくあしらって「あなたはうちのお客様にならなくてもいい、あなたのような客は五万といるんだ。その他大勢なんだ」という気持ちが相手に伝わると、やっかいな問題が起こるのです。

ホテルのように、大勢のお客様と接しなければならないサービス業では、お客様を「かたまり」のように捉えてはいけません。団体のお客様からのクレームは、だいたいこのような理由です。団体で来るお客様をサービスする側が「団体客だ」と捉えてしまうと、どうしてもサービスが低下してしまいます。団体で来られたお客様でも、パーソナルサービスを心がけると、個人で旅行するときに、「このホテルに泊まろう」と思っていただける可能性が出てくるのです。

お金を払っているんだから偉そうにさせてもらう——まずは、そういう状況にならないように、敬って接することです。お客様が逆上されるときというのは、やはり無視された場合などが多いと思います。まず、その無礼に対して素直に謝ります。お客様には、商品やサービスの内容や質にはまったく関心がなくて、存在価値だけを認めてもらいたいという方もいらっしゃるからです。

高級店になればなるほど、お客様のプライドも高くなります。そのプライドをいかに満たし、傷つけないようにするかが、パーソナルサービスの基本です。その人の存在を重んじて差し上げるのです。

性別で見ると、男性の方はフレンドリーな応対をすると喜ばれる方が多いように思います。女性客にもフレンドリーな応対は大切ですが、あまりなあなあになると、嫌がられるので注意が必要です。それよりも女性には、きめこまやかに接することが大切です。

いずれにせよ、パーソナルサービスの基本は、お客様の存在を重んじることから始まります。

「ニーズの先読み」でお客にプラスアルファを提供する

「ニーズの先読み」というと、何か難しいことのように考える読者の方がいるかもしれません。たとえば、あなたがスーパーの店長だったとします。店にフラッと買い物にきたあるお客様に、「今日は何を買いに来られたんだろうか」と、先読みしようとしても、占い師か超能力者でもないかぎり、ニーズはわかりません。

ニーズの先読みの基本とは、私はお客様のご要望をまずしっかり聞くということだと思います。

たとえば、ホテルでは、バスタブとシャワーが分かれている客室の場合、バスマットは一枚しか用意していないのが一般的です。どちらか一方のご使用ですまされるお客様が多いからです。

あるとき、バスとシャワーの両方をお使いになられるお客様がいらっしゃって、「バスマットを二枚欲しい」と、おっしゃったとしましょう。お客様からのご要望をまずはしっかりと聞くことが、第一段階です。普通のサービスを提供できるホテルなら、「かしこまりました」と、バスマットをもう一枚持っていくでしょう。

しかし、ニーズの先読みとは、次回、このお客様がいらっしゃったときにも、バスマットを二枚用意しておくことなのです。なぜなら、二回目にいらっしゃったときでも、バスマットをもう一枚ご所望されるはずだからです。お客様からご要望が出る前に、バスマットをもう一枚用意しておくこと。それが「ニーズの先読み」になるのです。

つぎに、応用編です。

お客様がホテルのレストランに食事に来られたとします。目的はあくまでも食事です。ホテルとしては、お客様に粗相のないよう、適切な食事がご提供できればそれでいいのですが、ここでちょっと考えてもらいたいのです。

「お客様、絵画の展覧会をホテルの二階で開催しております。せっかくお越しいただきましたので、お足を運ばれてはいかがでしょうか」

「次回はレストランで、秋のお得なフェアがありますが、いかがでしょうか」

「ロビーでお抹茶を差し上げるサービスをしています」

など、お客様に対して、何か別のサービスの提案をするように心がけることも、「ニーズの先読み」なのです。ニーズの先読みは結果として、お客様のランク「ファン→リピーター→ロイヤルカスタマー」を上げるコツにもつながります。

このように、新たな付加価値をどこまで考えて提供して差し上げるかが大切です。ホテル側はただお勧めしているだけでも、それがお客様の隠れたニーズを掘り起こすことにつながっているのかもしれないからです。「ニーズの先読み」は、お客様に満足や感動を提供します。なぜなら、本人も気づかないニーズを必ずお客様は持っているからです。それを叶えられたときの喜びは、ほかに代えられません。

宿泊目的のお客様が来られたとしても、ディナーショーやカクテルをお飲みになられることをお勧めしてもいいと思います。到着されてすぐ「お部屋へどうぞ、ごゆっくり」では味気ない普通のサービスです。

まずは、お客様からご要望のあった一度目のニーズを、二度目のときに自然にご提供することが大切です。それを踏まえたうえで、まったく別の新たな提案ができれば「ニーズの先読み」ができたことになると思います。

「おまけ」は宣伝せず予期せぬタイミングで

「お客様に新たな付加価値を提供しよう」と言うと、おまけをつけたり、割引やバーゲンをしたほうがいいのかと勘違いされる方がいますが、そうではありません。たとえば、レストランに来たお客様にバラの花を一本サービスするという「おまけ」を新聞広告などで宣伝すると、どうなるでしょう。来られたお客様のなかには「赤はいらない。黄色はないの？」と文句を言う人が出てきて、逆効果にはなりかねません。

「おまけ」で難しいのは、お客様にとって既知のことである場合、もらうことは当たり前という思いになることです。

しかし、同じバラの花をお客様に差し上げるにしても、食事が終わられた最後に「店に飾ってあるバラの花を一本サービスでお持ち帰りいただいております。ぜひどうぞ」とさり気なく差し出せば、きっと喜んでくださるでしょう。

お客様を「おまけ」で引きつけようとしたり、「おまけ」を宣伝材料にしたりすると、お客様にとっては、パーソナルサービスでなくなるのです。お客様は「自分だけが特別」「ひいきにされている」と思いたい心理があるのです。「おまけ」は宣伝せず、あくまでパーソナルサービスの範囲内で、お客様の予期せぬタイミングで出す、という条件で差し上げるようにしましょう。「おまけ」を差し上げたからお客様にサービスができた、と思うのは勘違いなのです。

このように、店側の「サービスの勘違い」はいくつかあります。お客様が驚くような大きな声で挨拶する、というのもありますし、おじぎもそうです。

おじぎは一般的に、「一五度の会釈」「三〇度の敬礼」「四五度の最敬礼」と段階別、シーン別に使い分けるようにとよく言われます。しかし、お客様がいらっしゃっておじぎをしただけでサービスをした、と思うのは間違いです。それなら、機械にだってできます。おじぎに「心」を込めて初めて、サービスになるのです。「心」を込めなければ、どんな角度のおじぎでもまったく意味のないものになります。

最初の話に戻ります。

お客様に「おまけ」を差し上げる、というのをシステム化して、売上を上げようと思ってはいけません。それでは「おまけ」に「心」を込めたことになりません。「おまけ」に

「心」を込めるには、お客様を心底喜ばせてあげよう、と思う「心」が大切です。

たとえば、あなたが外で食事をしたとき、おいしいシューマイを食べたとします。家族にも食べさせてあげたいな、家族の喜んだ顔がみたい、と思えばシューマイの持ち帰りを追加で注文するでしょう。

これと同じような気持ちをお客様に対して持てるかどうか、が大切なのです。

「レストランで飾っていたバラの花がある。あちらの席で、バラの花が似合いそうな素敵なご婦人がちょうど食事を終えられた。一本サービスで差し上げたら、喜ばれるのではないだろうか」

このように考えて「おまけ」を付加できるようになると、お客様はたいへん感激されることでしょう。そして、もう一度、その店にリピートしてくださると思います。

「おまけ」や「おじぎ」には、「心」をプラスするようにしましょう。

フォローサービスで「余韻」を引き延ばす

サービスの販売方法には大きく分けて二種類あると思います。

新規顧客のみをターゲットにする場合と、リピーターをターゲットにする場合です。この二つでは明らかに販売方法が違ってきます。一番大きな違いは何かというと、フォローサービスです。新規顧客を対象にしているのなら、「売った後はもう関係ない。さようなら」でもいいのですが、リピーター狙いの場合には「その後」が肝心なのです。

たとえば、あるお客様が美容室に来て、満足してお帰りになった——サービス業はここからが「始まり」です。電話やハガキで「その後はいかがでしょうか。何かお気に召さないところは？」とフォローするのです。

お客様が帰って鏡を見たら、どこか自分に合っていない気がした、となると「もうあの店には行かない」となります。電話では店に気兼ねしてはっきり言う人は少ないので、お客様が口ごもるようであれば、迷わず、

「よかったら再度いらしてくださいい、無料で微調整させていただきます」というフォローサービスをすればいいのです。このようなサービスは一見、店側が損をしたように思えますが、そんなことはありません。美容院というのは、ほとんどがガラス張りですし、お客様が入っているだけで、店の前を通る人たちに「流行っているな」という印象を与えることもできます。

では、お客様がある程度満足されているときには、フォローサービスは必要ないのでしょうか。そんなことはありません。満足されているお客様は、実はサービスの「余韻」を感じているのです。映画を観た後、自分も主人公になったような気持ちになって、ボーッとすることがあると思います。その感覚に近いかもしれません。

とにかく、お客様が満足されると「余韻」に浸る期間というのがあります。ですから三日～一週間以内に再びフォローサービスをすることは、この「余韻の期間」を引き延ばすことになります。

「余韻」の期間、お客様は友人などに、自分が素敵な美容院に行ったということを伝えようとします。余韻の期間を伸ばすのは、営業してくださる期間を伸ばすことにつながります。電話の一本、ハガキの一枚でもいいでしょう。満足されているお客様にフォローサービスをするのは、ムダではないのです。

フォローサービスで、お客様に「店から連絡があってよかった」と心に響く部分があれば、それは確実にお客様を「ファン」や「リピーター」へランクアップするのに役立っていると言えます。

私は、サービスは四つのステップから成り立っていると考えています。一つ目のステップが、心を込めたご挨拶、二つ目がお客様のニーズの先読み、三つ目が感じのよいお見送り。そして四つ目に、お見送りをした後どのようなフォローをするかで、リピートになるかどうかが決まるのです。

フォローサービスの仕方は、自分が得意な方法を見つけたほうがよいでしょう。文章や筆が得意な人は手紙で、書くのが苦手な人は携帯メールで、レイアウトが得意な人はファックスで、直接会って挨拶をする時間がある人は足を運ぶ、など、自分に合った方法を模索するのです。とにかくこまめにお客様にアプローチすることが、効果的だと思います。

フォローサービスが、お客様の「余韻の期間」を引き延ばすのです。

「そこまでやるのか」で初めて「感動」が生まれる

前項まで、パーソナルなサービスの基本とお客様のランクアップ方法について説明してきました。この項では、パーソナルなサービスの具体例を述べていきたいと思います。

普通の経営者というのは、普通のサービスをお客様に提供できれば、満足します。お客様のほうも、気持ちよく玄関で迎えてもらい、フロントマンがきっちり応対し、チェックイン後はベルボーイが部屋まで荷物を運び、部屋の説明をしてくれ、あとは大きなミスさえなければ満足でしょう。

何度も言いましたが、一流ホテルのサービスというのは、ある程度お客様を満足させますし、極論すればどこもみんな同じです。しかし、ここで考えてほしいのです。「満足」はあっても、お客様に「感動」はあったでしょうか。

感動とは「そこまでやるのか」という体験をお客様にご提供することであり、「お客様が潜在的に望んでいること」を引き出し、提供したときに初めてもたらされるのです。それがパーソナルなサービスなのです。

宿泊のお客様がレストランにいらっしゃったとします。どうも体調を崩しておられるらしい。お客様からこんなご要望がありました。

「体調がよくないが中華料理を食べたい。無理な願いだが、油の量を減らせるでしょうか」

中華料理は大量の油を使います。油を使わなければおいしい中華料理は作れません。

「このお客様はなんて無理を言っているのだ」――これは当然の反応でしょう。そして、その申し出を断ったとしてもお客様も怒りはしないと思います。

「お客様。しばらくお待ちください。料理長に油の量が少なくてもおいしいメニューがないかどうか聞いてきます」

と言って料理長と相談し、特別にメニューにない料理をご提供したらどうでしょうか。お客様としては「そこまでやってくれるのか」と感動するでしょう。

ここでひとつの疑問が生じます。そんなにお客様一人ひとりに時間や手間をかけていたらコストが高くつくのではないか――。

それは正論です。ですがもし、あなたに子どもがいたとして、風邪をひいて熱を出したとき、どんなものを食べさせているか想像してください。やはり普段と違い、刺激の少なく、かつ元気の出る、特別なメニューを考えるのではないでしょうか。

サービスも同様なのです。家庭ではそのようなサービスは無料で行われているのです。お客様にお金を支払ってもらっているレストランが、個々の要望に応えられないというのは、どこか思い上がっているのではないでしょうか。

たとえ一夜の宿とはいえ、家庭同様にくつろいでいただく——それがホテルのあるべき姿ではないでしょうか。

現在サービス業に関わるあなたが、前述のレストランの話を読んで「そこまでやるのか」と思っているとするなら、「少しプロ意識が足りなかった」と反省されることをお勧めします。

プロとは「そこまでやるのか」という人々の総称だからです。お客様からお金をもらっている、という事実だけでプロとは言えません。

「そこまでやるのか」は、お客様が「感動」されたことを表現する言葉なのです。

感動のサービスが続けばやがて伝説になる

あと数例、感動のサービスを紹介します。

先ほどの体調の悪いお客様が食事を終えられました。しかし、カニを少し食べ残し、「できたら部屋に届けてほしい」とのことでした。あなたならどうしますか。普通のホテルのサービスなら、器にそのままラップをしたり、持ち帰り用の箱に包み直したりするでしょう。

私なら、新たに注文したルームサービスのように、ワゴンにテーブルクロスをかけ、ナプキン、水、そして新しい器にもう一度盛りつけ直して、お持ちすると思います。ここまでして初めて「感動のサービス」になるのではないでしょうか。

シャツをホテルにうっかり忘れたお客様がいらっしゃったとします。普通のホテルなら「わかりました」と、そのまま宅急便の着払いで送ると思います。超一流のホテルなら、どうするか——きっちりクリーニングをして、その代金と宅急便代もホテル持ちでお送りするでしょう。

ある家族がレストランに食事に来ていました。「おめでとう」という声が聞こえてきたので、さりげなく聞いていると、どうもお嬢様の誕生日のようでした。コース最後の飲み物とデザートをお出しするとき、「お誕生日パーティーとお見受けいたしましたので」と、ケーキもお出しし、記念撮影もお手伝いしました。このお客様は、レストランには誕生日のことを一言も告げていません。ですが、誕生日ケーキを食べたいという、隠れた願望を持っていたと思います。サービスマンがお客様自身も気づかない、潜在的欲求を見つけて差し上げるのです。

お客様の出発されるタクシーをお見送りするとき、ホテルのドアマンが車のドアをさっと開けてお客様をお乗せした後「運転手様、どうか大切なお客様ですので、安全運転でお願いします」と言って差し上げる。するとお客様は感動されるでしょう。

ホテルに「感動」のサービスがいくつかできてくると、お客様や従業員の間につぎからつぎへと伝わり、伝説になります。年に数回の出来事をいかに伝説にするか。こういった「感動」サービスを実践しているホテルは、伝説をうまくマーケティングに利用する、腕のいい広報マンがいるのかもしれません。

このようなサービスを、ほかのホテルマンが読んでどう思うでしょうか。そんなサービスはやっぱりできない、個別対応は無理だ——と思うのでしょうか。先ほどから申し上げているとおり、プロの世界というのは、「そこまでやるのか」というレベルまで到達しないとお客様を感動させることはできません。

ビジネスの基本は「先行投資」です。儲ける前には投資が必要です。儲かったから投資できるのではないのです。「そこまでやったら、採算に合わない」と思っている人は、「採算に合わないことを儲かる前にやって初めて、儲かる店づくりができる」ということを覚えておいてください。

普通のサービスでは、ファンやリピーターしかつくることはできません。「感動」のサービスを提供することで、初めてロイヤルカスタマーにアップする可能性が出てくるのです。しびれるような「感動」を、お客様には味わっていただかないといけません。そしてお客様から「さすがだな」「一流だな」という言葉が聞ければ、そのお客様はロイヤルカスタマーに一歩近づいたということになります。

賢くなったお客様は消費行動に「感動」を求めているのです。

お客様は一秒で見抜く

誤解されると困るので、詳しく説明しておきたいのですが、私はお客様の感動を狙えと言っているのではありません。感動させようという作為は、お客様からも見抜かれてしまいます。

それよりも、日々コツコツと努力するなかで、自然とお客様に感動を覚えてもらえるようなサービスを心がけていただきたいのです。

一昔前『一杯のかけそば』という話が評判になりました。毎日の食費にも困った母子が、毎年一回大晦日だけそば屋で「一杯のかけそば」をわけ合って食べる、という話だったと思います。

当初は実話をもとにしたと言われていたのが、後になって、フィクションだったということが明らかになります。おそらく、この話の作者は「感動させよう」としてつくったのだと思います。しかし、人を感動させよう、という作為は、今や賢くなったお客様からは簡単に見抜かれてしまうのです。

タクシー業界は、変革の真っ最中にあります。

タクシーの運転手さんに聞くと、成績のいい運転手というのは、お客様を選ばないそうです。成績の悪い運転手さんにかぎって、「ロング」狙いだそうです。

ロングとは、長距離客のことです。長距離客を乗せて一挙に売上を稼ごうという算段です。ですから、「すみません。近くまで」という女性客がいると、乗車拒否をしてしまったり、怒りながら運転する人もいます。現在は違いますが、これまでは女性客はロングではない確率が高かったからです。近距離の人にも、中距離の人にも笑顔で応対する——最終的にこういう運転手さんのほうが成績がいいそうです。というのは、近距離の人も喜んで乗せるので、空車の時間が少ないからです。ロング狙いになると、お客様をつかめば売上は大きいのですが、空車の時間が長く、結果として成績が伸びないのです。

これはタクシー業界だけではなく、ほかの業界にもあてはまります。大きな契約、売上ばかりに目がいっている人は、小さなものを軽視していないか、一度再考してみる余地があるのではないでしょうか。大きな仕事に「心」を込めることは簡単です。小さな仕事でもバカにせず、「心」を込めて打ち込めるかどうかが、感動のサービスにつながるのではないでしょうか。

小さな仕事だからこそ、お客様は従業員の対応をよく見ています。そこで自分が店にとってどのように思われているかをはかるのです。

レストランで食事をした後、「水が一杯ほしい」というときがあります。もし、お客様から水を一杯ほしいと所望された直後、あなたはどんな顔をしているのでしょうか。

お客様の印象というのは、実は、このときの従業員の一瞬の顔の表情で決まるのです。

おそらく一秒以内の世界ではないでしょうか。倒産寸前のスカンジナビア航空を建て直したことで有名なヤン・カールソンは著書『真実の瞬間』のなかで、「お客様が人を判断するのは時間にして一五秒以内」という主旨のことを述べています。

しかし、私は「真実の瞬間」とは、実際には一秒以内ではないかと思っています。

この一瞬に、従業員の本性が出てしまいます。

一瞬でも嫌な顔をすると、お客様に必ず見抜かれています。小さな仕事をコツコツこなすなかに、お客様に喜んでいただける「種」が隠されているのです。

お客様の「わがまま」をいかに引き出すか

お客様は何でも言いたいことを言う——こう考えるのは間違いです。

紳士淑女のお客様ほど、「こんなことを言えば厚かましいかな」と思って、いろいろ心のなかに要望はあっても、内に秘めて出さない場合がほとんどです。

お客様に「感動」してもらう状況をつくり出すためには、いかに「わがまま」をお客様から言える状況をつくれるか、ではないでしょうか。

「このホテルにお越しいただいたときは、なんでもわがままを言ってください。どうぞご自由に」という気持ちで接客するのです。

自分の家を想像してみてください。あなたが結婚している男性として、家に帰れば妻に「冷たいビールをお願い」と言うと思います。

妻も心得たもので、ビールをよく冷やしており、一緒に枝豆まで出すようにしています。自分の家では、わがままが通ると思っているので、夫は甘えているわけです。

ところが、ホテルのレストランでは、この男性は単に「ビール」と注文すると思います。そして少しぬるいビールが出てきても、「仕方がないか、家じゃないから」と諦めて文句は言いません。また、心のどこかで「少しだけ枝豆がほしいな」と思っていても、注文するほどの量ではないと「欲しいけど、まあいいか」と思っています。

このような男性に「注文するほどの量じゃないけど、少しだけ枝豆が欲しいな」と遠慮なく言ってもらえるような環境づくりが大切なのです。お客様のわがままをお聞きすると、「私を大切にしてくれている」という印象をお持ちいただけます。「そこまでやってくれるのか、嬉しいなあ」と思っていただければ勝ちだと思います。そこに感動のサービスが生まれてくるのです。

感動というものは「予期せぬことをしてもらったとき」「期待している以上のことが起きたとき」にしか、感じてもらえません。

それでは、なぜお客様をそこまで感動させる必要があるのでしょうか。

何度も述べているように、「一般のホテル」と「高級ホテル」のサービスには明らかに格差がありますが、高級ホテル同士だと、実はほとんど差がありません。どこに泊まっても何を食べても、ある程度は満足させてもらえます。

しかし、「超一流ホテル」と「高級ホテル」との違いは、「マニュアルに載っていないようなトラブルが起きたとき」「予期せぬ事態が起きたとき」に生まれます。平穏なときは、それほど変わらないのです。そのときに、お客様にどんな対応をするのかで、ホテルの真価が問われるわけです。

「小皿に五～六個、枝豆が欲しいな」というお客様に「普通のサイズのものしかお出しできません」と言うのか、「五～六個ならサービスしておきます」と快くお受けするのか、そこに普通のサービスと感動のサービスの分かれ道があると思います。

また、たとえ枝豆がなくても、「ほかのおつまみならあります」と答えるのが、サービス業のあるべき姿だと思います。

お客様から「わがまま」を聞くことができたら、店としては「感謝」しなくてはなりません。パーソナルサービスを提供する機会をいただいた、ということになるからです。

お客様には「媚びず」に「大切に」接する

「お客様は神様」という言葉があります。これを、お客様の立場は上であるという意味で捉えている人が多いと思いますが、実はそうではありません。神様のように大切に接しなくてはいけませんよ、という意味だと私は思います。

大切だからといって、媚びを売るのはよくありません。媚びた相手から軽く見られようになるからです。召使としての地位に成り下がってしまうからです。サービスマンは召使ではないのです。

それでは従業員としてプライドをなくします。媚びるという行動の裏には、お客様を上に見すぎてしまうという心理があると思います。上に見るよりも、一人の人間として大切に接することが大切なのです。

同様に、レベルの高いお客様には、おべんちゃらもすぐに見抜かれます。お客様から「この人は上っ面だけの人だなあ」

「言葉だけはうまいなぁ」

と思われては、サービスマンとして失格です。笑顔で、誠実に対応するのです。

確かに、お客様は立場的に上なのかもしれません。しかし、できる店というのは、売り手市場をうまくつくっています。たとえば一〇席しかないお店に二〇人の客が来るような状況を想像してみてください。お客様がいくら「オレは客だ、大切にしろ」と叫んでみたところで、内心では不利な立場に置かれていることを自覚しているでしょう。「嫌なら来るな」と、ほかのお客様も思われるでしょう。サービス産業は、お客様は神様だとしながら最終的に売り手市場を目指さなければいけないという矛盾があるのです。

お店はお客様を選べません。選べませんが、ある程度絞ることはできます。いいお客様から選んでもらえるようなサービスを、心がけなければいけないのです。

「超一流」と呼ばれるホテルは、トップ五％のお客様を対象にしています。

ほかのホテルや旅館は、大衆を相手にしていると思います。たとえば私が総支配人を務めた、彦根キャッスルホテルでは、地域のトップ五％のお客様を対象にしていました。そして、その方たちに何度も来ていただけるようなサービスを目指していました。トップレベルのお客様を対象としたサービスを目指すと、礼儀やマナーをわきまえないお客様にいちいち注意をしなくても、自然と守るべきことを守ってくださるような雰囲気がつくられるのだと思います。

同業の方から「品のないお客様がたくさん来られて困る」と相談されることがありますが、紳士淑女による本物の雰囲気づくりができていれば、そういうお客様は居づらくなるのではないでしょうか。

最近、「カリスマ」と呼ばれる人たちがいます。カリスマ美容師、カリスマ医師、カリスマ店員などです。

これらの人たちは皆、サービス業の見本です。このような地位に上り詰めるまでにはたいへんな苦労があったと思いますし、お客様を大切にしてきた結果だと思います。そんな彼らに共通しているのは、お客様から尊敬のまなざしで見られ、「ぜひ、あの人のサービスを受けたい」思われていることです。

いつまでもお客様に媚びている仕事のやり方をしていては、いけません。

長続きするお客様のタイプ

お客様の見分け方を87～90ページで紹介しました。

実はもうひとつ、とっておきの方法があります。それは、不器用そうで、社交的に見えないタイプのお客様を大切にするのです。

個人的には、私が長続きしたタイプのお客様の半分ぐらいはそうでした。

特に中小企業の社長様など、小さな組織のリーダーのような方です。

中小企業の社長だからといって、人付き合いがうまいとは限りません。職人肌で他人とうまくコミュニケーションをとるのが苦手な方は、大勢いらっしゃるのです。そのような「孤高の経営者」タイプの方はロイヤルカスタマーとなり、長続きするケースがよくあるのです。そして、お互いに強い絆を感じるようになるのです。

昔の職場での話です。ある宴会の予約電話が入り、私が担当者として指定された場所に出向きました。何やら怪しげな雰囲気です。

予感は的中しました。内装は純日本風で、神棚があって、日本国旗などが飾られていま
す。代表者の方から、「宴会の予約をしたい。五〇〇名ぐらいで、会の〇周年記念事業で
ある」とお聞きしました。
私は「やんわり」と断るために、相場よりも少々高い金額を提示しました。ですが、相
手もなかなかのものです。
「そうか。それでいいから正式な見積もりを持ってこい」
一瞬真っ青になりましたが、結局断りきれず、上司のＯＫも出たので、宴会を担当する
ことになりました。
問題は代金の回収でした。未収となれば私の責任問題です。それに、なんとか前金でい
ただきたいと思っていました。
「宴会をお引き受けすることにあたり、条件があります。前金を一〇日前までにきちんと
納めていただくこと。街宣車は敷地内に入れません。一般常識、マナーに反することは避
けてください」
「わかった。迷惑はかけない」
そして、宴会は無事終了したのですが、後日談があります。宴会の数日後、大阪市内を

歩行中、交差点で信号待ちをしているとき、街宣車が横に停まったのです。まさにその団体でした。「林田君だったな。宴会、ありがとう」と衆人環視の前で、お礼を言われました。珍しい体験でした。

もう一人、忘れがたいお客様がいます。ある中小企業の社長様で、超ワンマンの経営をなさる方です。私のような一介の営業マンなど、一時間待たせても謝りの一言もない人でした。

まずお電話をいただいて、こちらが出向くと

「宴会にはいくら費用がかかる？　そうか、そのぐらいか。よし。しかし、少しでもミスがあれば一銭も支払わないから覚悟しておけ」

最初から脅しです。宴会当日には相当気をつかいましたが、無事成功しました。その後、そのお客様の寵愛ぶりはすさまじいものでした。チップは一回五万円ほど、それを何度もいただきました。結果、数十年のお付き合いとなりました。

以上の二例のお客様は、どちらも孤高のリーダータイプのお客様です。

孤高のリーダータイプのお客様とは、お付き合いが長続きする可能性を秘めています。

ビジネスの基本は「地元」にある

社長兼総支配人を務めていた彦根キャッスルホテルでは、「地元」のお客様を大切にするようにしていました。東京のように全国、全世界からお客様が来るような商圏は別にして、どんな職種でも商売の基本は「地元」だと思います。遠くからのお客様というのは、一度旅行やビジネスでいらっしゃっても、二回目につなげることは難しいからです。

「地元」は商売にとって「足元」です。「足元」がしっかりしていないと、何事も成し遂げられません。彦根キャッスルホテルは、「郷土愛コミュニティーホテル」を目指しています。

主要顧客層は地域のトップ五％のお客様で、地域の名士の集まりであるライオンズクラブ、ロータリークラブ、医師会の皆様などが主なロイヤルカスタマーです。私は彦根キャッスルホテルに総支配人として着任した当初、キャッスルクラブという組織をつくりました。システムとしてお客様と接していくためにです。また、会員組織があると、お客様に対してより充実したパーソナルサービスが可能になるのです。

お客様に会員になっていただくと、わざわざ営業に行かなくても、新たな提案が可能になります。「カニの季節なので少し足を伸ばして日本海に行きましょう」「交流を深めるためゴルフをしましょう」というイベントが簡単にできます。同時に、お客様にはクラブライフを楽しんでいただけます。

また、ホテルのパートやアルバイトの方は、地元の方を率先して雇うようにしています。ホテルが地元にお金を落とし、多少なりとも地域経済に貢献することができますし、パートの方々が持つ地元のネットワークも活かせるからです。

「あの人があのホテルで働いているなら行きたいわ」――こう思われるスタッフを雇うのも、人事政策のコツなのです。

また私は、県内のお客様に宴会などで使ってもらったら、ほぼ一〇〇%、数日以内に挨拶に赴きました。挨拶に行っている時間がもったいない、など効率は考えません。効率を追求するのはビジネスの基本でしょう。しかし、すべてを効率で片づけるわけにはいきません。遠くの方にご挨拶に行くと喜ばれますし、挨拶に行って大きな案件をいただけたりするものです。

挨拶の際には、手土産にも心をくばります。高価なものは必要ありませんが、ケチケチせず、それなりのものは用意するようにします。差し上げる際の状況、家族構成などももちろん考慮に入れます。

オフィスに冷蔵庫がないだろうと予想される状態で、アイスクリームや牛肉を差し上げてもお困りになられます。夫婦なら量が少なめの高品質なもの、家族が多いなら家族向けのジュース、などを選びます。また、すべての品物に季節感を大切にします。単純に「誰でもビールなら喜ぶだろう」「駅の売店で買っていこうか」ではダメです。

とにかく、ビジネスの基本は地元にある、という大原則を忘れないようにしましょう。

会話、接客で守らなければならないこと

ここでは「お客様と具体的にどう接していったらいいのか」ということについて、少し書いておくことにしましょう。

まず、第一に会話について。初対面のお客様とは、最初から込み入った話はしないほうがいいかもしれません。無難に天気の話題などから入ってもいいと思います。避けたいのは、宗教、政治思想、ときにはスポーツなどイデオロギー的なものです。大阪だとしても、皆が阪神ファンとはかぎらず、誤解のもととなります。原則として人の悪口、他人の会社の悪口も避けましょう。たとえお客様から悪口が出てきても、聞くだけならいいのですが、同調する必要はありません。

基本的には「聞き上手」のほうがいいと思います。できるだけお客様の「得意分野の話」を聞いて差し上げることです。人は自分の得意分野を話すとき、イキイキします。お客様の得意分野のお話を聞くと、自分の得意分野と照らし合わせて新たなサービスを思いつく

ことも可能になります。

聞くということは、顧客カードに新たな属性を書き込めるようになることです。聞けば聞くほど、その内容が顧客満足へ応用可能となるのです。また、用があっても、お客様が商談していたり、家族で仲良くされているところには、割り込んではいけません。

逆に、聞き上手なだけでもダメです。お客様の質問に、返事が必要な場合もあります。どんなに手が放せない状況でも、まずは、気持ちよい笑顔で、相手の顔を見ることです。「ちょっと待ってください」と自己都合を優先してはいけません。それでも即時対応できないときは、時間を具体的に告げるようにします。「一〇分お待ちください」と言うと、お客様は納得してくださる場合がほとんどです。具体的な時間を知らせないと、一体いつ来てくれるのだと、お客様の不満が募るからです。

第二に、トラブルやミスの場合、お客様とどう接するか、です。そのようなことが起こらないようにすることが一番大切ですが、もし万が一起こってしまった場合は、まず最初にお客様に謝ることです。コツは、決して言い訳しないことです。言い訳は、たとえ正しいことでも、お客様にとっては聞くに耐えないものであるからです。

あくまでもお客様の不平不満を十分聞き、聞きながら共感を示してください。最終的には、具体的にどう誠意を示すか、の問題です。お金なのか、挨拶なのか、上司を連れて行って謝るのか。先に述べたように、トラブルは、お客様とより親密になる機会でもあります。否定的に捉えすぎないようにしましょう。

第三に、チップの受け取り方について。たとえばホテルでは、通常料金に加えてお客様からサービス料をいただいています。これは会社としての収入になります。このほかに、是非を別にして、お客様から個人的にチップをいただくことがあります。

チップにはサービスの前に「お願いします」と出される場合と、「感動した。よかった」という意味で出されることがあります。サービスマンとしては、それは謹んでお受けして構わないと思います。お客様が喜んでチップを出してくださるぐらいの、気くばり、サービスを目指してほしいと思います。その結果としていただけたものなら、こんなに嬉しいことはないでしょう。

小さなものを惜しむと大きなものを失う

唐突ですが、一流のホテルには、コップに「消毒済」と書かれた紙は巻かれていません。コップをきれいにしておくのは、当たり前のことだからです。

これみよがしに「消毒済」の紙が巻いてあると、「このコップはきれいに洗浄しているのだぞ。このホテルはここまでサービスしてやっているのだぞ」という無言の圧力が聞こえてきそうです。これをサービスの押し売りと言います。消毒という言葉もおかしなもので、劇薬でも使って洗浄しているのかと、疑いもします。

「消毒済み」の紙が巻いてあるのは、明らかに二流のホテルです。

そして、「消毒済み」の紙が巻かれているコップは、たいていがプラスチック製です。お客様は幼稚園児や小学生ではないのです。

一流のホテルでは、部屋に用意してあるコップは高級ガラスか陶器です。

お客様から見て違うのはコップの材質だけでしょうが、その裏にはさまざまな意味が含まれています。ガラスや陶器のコップは割れやすく、何%かの確率で必ず割れます。それだけ費用をかけているということです。従業員は丁寧に扱わざるを得ませんが、次第に、コップの扱いだけに限らず、所作自体が洗練されたものになっていくはずです。

また、ホテルが行うサービスに、ケーキバイキングがあります。ランチとディナータイムの間の空き時間を利用したサービスです。

ここでも特徴に違いが出ます。二流のホテルのケーキは切り方が大きく、一流のホテルのものは小さいのです。切り方が大きいと、ひとつ食べただけでお腹がいっぱいになりますが、小さいと、いろいろな種類のものが食べられるので、非常に得した気分になります。

一流ホテルの場合、「お客様はたくさん食べたいのではなく、たくさん選びたいのだ」と考えるわけです。

この二例は「ホテルの都合」で提供されたサービスであることがおわかりでしょうか。ホテルの都合で提供されるサービスの善し悪しは、賢くなったお客様には、簡単に見抜かれてしまうのです。

「ホテルの都合」の例はほかにもあります。絨毯をよく見てください。二流のホテルは、だいたいが暗い色、もしくは模様が複雑になったものです。一流のホテルほどシンプルで明るい色の絨毯を敷いています。なぜでしょうか。

暗い色や複雑な模様は、「汚れ」が目立ちにくいのです。明るい色は汚れが目立ちます。汚れが目立つということは、頻繁に取り替えないといけないということです。取り替えには費用がかかります。二流のホテルはその経費を、余計なものとするのです。

結果、二流のホテルのロビーには、いつまでたっても、暗くどんよりした雰囲気が漂います。ときには一〇年くらい同じものを使っており、しかも汚いからです。

一流のホテルというのは、多少手間のかかることでも、お客様のことなら喜んで出費を惜しみません。二流のホテルは、手間のかかることを嫌がり、無駄な出費を省きたいと思うようです。

そして、二流のホテルは、そんなケチケチ精神を「賢いお客様」に見破られている、ということに気がついていません。お客様に「消毒済み」と見せびらかすようなサービスの押し売りは、通用しないのです。

思い込みによる間違ったサービス

大手の美容院で、お客様が来店すると全員が大きな声で「いらっしゃいませ。何番の椅子におかけください」と言う店があります。客としてその店に入ると、元気がよく価格がかなり安くても、なぜかもう一度行きたいとは思わなくなります。

平日の午前中に有名デパートに行くと、あまり人がいないものです。ゆっくり落ち着いて商品を見ていたいな、と思っても、行く先々で「いらっしゃいませ」「いらっしゃいませ」と声をかけられては、落ち着いて見ていられません。

声をかけるのがサービス、接客するのがサービスという間違った思い込みを持っている店がいかに多いことか――皆さんもご経験があると思います。

超一流のホテルでは、昔は「お客様にみだりに話しかけるな」という鉄則がありました。お客様は地位が高くそれなりの家柄の方が多いので、むやみに話しかけて、お客様同士の会話に水をさしたり、粗相があってはホテルの信用にかかわるからです。

同様に、むやみやたらな「いらっしゃいませ」は、やはり考えものだと思います。自分たちはいいと思ってやっていることが、お客様にとっては、必ずしも嬉しいものではないという場合が往々にしてあります。

また、私がたまに利用するコンビニエンスストアやファーストフードのお店では、明らかに店員は私の顔を知っていても、不特定多数に対する「いらっしゃいませ」です。初めて入って来たお客様となんら変わらない、挨拶、応対です。

町の本屋に入ると、店のおじさんとおばさんがケンカしていることがあります。ラーメン屋や飲食店に入っても、明らかに師匠と弟子のような関係の人が、怒鳴り怒鳴られているのを見かけることがあります。

小規模の店の場合、それでもいいのかもしれませんが、やはり基本的に従業員同士のケンカや諍《いさか》いというのは、店の都合です。そのとき店にお客様がいらっしゃったら、どう思われるでしょうか。いい気分になられるでしょうか。

お店の都合をお客様に押しつけてはいけません。

では、必要な挨拶や接客とはどのようなものでしょうか。

それは心のこもった挨拶です。心の中で「ようこそ、おいでくださいました」という気持ちを込めた「いらっしゃいませ」という挨拶と、そうでない挨拶というのは、お客様は敏感に感じ取られると思います。お客様はうわべだけの接客でなく、心のこもった接客を求めているのです。

昔、私がホテルのドアマンをしていたときは、車種でお客様のお名前を覚えていました。入口に車が到着したとき、「黒のベンツは○○様、白のクラウンは○○様」とわかるようにです。そして、お名前を添えてお迎えの挨拶をします。

「○○様、お忙しいなか、ようこそお越しいただきました」と心を込めて接客するのです。大声のほうが、お客様も気持ちがいいだろうと勝手に思い込んで、怒鳴り声に近い声で挨拶したりはしません。あくまでも普通の声のトーン、大きさです。

大切なのは、声の大きさではなく、「心」なのです。

大きな声を出す努力をするのなら、ひとりでも多くのお客様の名前を覚える努力を優先したほうが、お店の売上に貢献できそうな気がしますがいかがでしょうか。

生涯にわたるお客様とは

どの業界でも、売上アップのために新規顧客の獲得を目標に掲げていることと思います。営業マンの給料が、新規顧客の獲得に基づいて一部歩合制になっているところも多いようです。しかし、新規顧客の獲得ばかりに目を奪われていてはいけないと思います。

たとえば新聞業界。新規で講読すると三カ月無料、そして洗剤などの日用品や、コンサートや野球のチケットのような高価な景品をくれる新聞もあります。

英会話学校に入学するには、数十万円かかる場合があります。経営者が一番喜ぶのは、入学金を支払って、あまり授業に来ない人たちでしょう。講師費用や教室運営費が安くすむからです。

しかし、このような商売の方法が長続きするとは到底思えません。

ではどうすればいいのでしょうか――リピーターを大切にするのです。一度来てくれたお客様よりも二度来てくれたお客様、二度来てくれたお客様よりも五度来てくれたお客様に、「なんだかいい気分だな、得をしたな」と思われるようにしなければならないのです。

それは「おまけ」をつけたり、割引をすることではありません。サービスマン自身が、まずは、一度来てくれたお客様の顔と名前を覚えるように努力し、心を込めて接客するようにすればいいのです。

そして、ほかの店に浮気をせず、生涯その店に来られるお客様になっていただくように努力するのです。一生涯にわたってのお客様を「生涯顧客」と言います。最も進んだサービス業と言われるホテル業界では、生涯顧客の獲得が最大のテーマなのです。デパートや葬祭業、呉服店、果ては宗教界なども同じです。

一人の紳士の方が、あるホテルのお客様だったとします。このお客様本人だけを見ていてはいけません。この方の息子様の結婚式で利用してもらえるかもしれません。最近はホテル葬もありますから、両親のお葬式があるかもしれません。この方の会社の宴会やパーティーもあるでしょう。奥様がお友達とランチや宿泊で利用してくれるかもしれません。

このように、一人のお客様と末永く付き合えば、人生のイベントのたびにホテルを使ってもらえるようになります。

新規顧客を獲得するよりも、既存のお客様とゆっくり、落ち着いて末永く付き合うほうが、実は売上に結びつくのです。お客様の側としても、自分が結婚式をしたホテルで、できれば息子も結婚式を挙げてほしいと思うのではないでしょうか。

千年の都・京都には、「一見さんお断り」というお店があります。表立ってそのように謳っていなくても、会員制という謳い方をしているお店がそれにあたります。「新規顧客を断るなんて、そんなもったいない」と思われる方も多いかもしれません。しかし、京都は気の遠くなるような長い時間をかけて商売が熟成されてきた町。そこには、ちゃんとした理由があるのです。

ある飲み屋さんで、新規のお客様が入ってきました。なんだか風貌がよくありません。できれば断りたい。そういうときに「うちは、一見さんお断りなんです」と帰ってもらうことができます。双方悪い気分にならなくてすみます。

また、一見さんの接待ばかりに追われ、常連さんの接待がおろそかになり、売上が落ちたという話が先代、先々代から家訓として伝わっているところも多いと思います。京都のすべてを真似る必要はありませんが、既存顧客を大切にするという発想は必要なのです。

4

仕事で
大切にしたいこと

お客様を愛し
お客様の立場になって考えるには

お客様に愛情を注ぎ、お客様の立場になって考える――私はこれを「人間関係力」と呼んでいます。人間関係力を鍛えるためには、どうすればいいのでしょうか。もちろん、年月を経ると自然と身につく部分もありますが、お客様の立場になってサービスをするためには、お客様のほうに心を開いてもらわなくてはなりません。

では、お客様に心を開いていただくには、どのようにすればいいのでしょうか。

私が実践している簡単な方法をひとつ、ご紹介したいと思います。それはお客様のよいところを、何でもいいので五つ見つけることです。そして、会話のなかで「さりげなく」褒めて差し上げます。「いい靴を履いていらっしゃいますね」「笑顔が素敵ですね」「○○様とお話ししていると、明るい気分になります」「お身体がガッチリしていらっしゃいますね(男性の方に対して)」などでいいのです。

意外と簡単に見つかると思います。見つかった後は、それを言うタイミングが大切です。

お客様の話を遮ってでも言えばいい、というものではありません。あくまでも自然に、さりげなく、が基本です。タイミングが自然でないと、おべんちゃらばかり言いやがって、と思うお客様もいらっしゃるからです。海外のお客様ならいつ褒めても喜ばれる場合が多いと思いますが、日本人の場合は褒めるタイミングというのも難しいので、注意が必要です。

逆に、お客様の短所は見ないようにします。嫌になる部分はあっても、考えないようにします。嫌な部分を意識してしまうと、どうしてもサービスする側が不満ばかり抱いてしまうからです。

では、どう見ても短所ばかりのお客様とお付き合いしなければいけない場合は、どうしたらよいのでしょうか。クレームばかりつけてくるお客様、用もないのに長居して店を困らせてしまうお客様などです。

このような場合は、自分で判断しないで、店の責任者の方の判断に任せるようにしましょう。なんとか自分で対処しようとして、問題がややこしくなってから上司を呼びに行ったりすると、簡単に解決できる問題がそうでなくなってしまう場合があるからです。短所ばかり目につくお客様に対してのサービスというのは、どこかおざなりになる部分というのがあります。まずは、嫌なお客様に対しては、基本的なサービスの部分で間違いをおかさないように努力するようにしましょう。

人間関係力を深める方法を、もうひとつご紹介したいと思います。

それは自分のパーソナルアイデンティティーを持つこと――魅力的な自分になることです。

魅力的でない人と知り合いや友達になりたい、サービスを受けたいとはあまり思わないものです。魅力的な人にサービスをされると、それだけでお客様は幸せな気分になるでしょう。

ではどのような部分を磨いて、魅力的な自分になればいいでしょう。やせ型の人が筋肉質の身体をつくろう、など自分の本質的な部分と逆のことをしようとすると、無理が出てくると思います。ここでもやはり重要なのが、長所を伸ばすことです。

もし、自分が雑学通や情報通だと自覚しているなら、その部分を伸ばしていくように努力するのです。お客様に必要な情報だなと思ったら、お話しするだけでなくコピーなどをとってお渡しする、お会いしていないときでも、ファックスを送付するなど、こまめに情報発信していくことによって、魅力がアップすると思います。

もらい上手はおもてなし上手

私が経験した、お客様とのエピソードをご紹介したいと思います。

その方は建設会社の社長様で、息子様の結婚式を挙げたいという件で最初にお会いしたときから、「今日は空いてないか？　ちょっと一杯飲みに行こう」と誘っていただきました。さすがの私も初対面の方と飲みに行くのは遠慮いたしましたが、つぎにお会いしたときにまた「飲みに行きませんか」と誘っていただいたので、ご一緒させていただきました。

その際、私のような立場のものを丁重にもてなしてくださった「心くばり」に感動しました。一流の飲み屋さんに連れて行ってくださっただけでなく、お土産に地元名産の柿の葉寿司、遅くなったということでタクシーまで手配していただきました。

一体、私のような立場のものを接待して、何の得があるというのでしょうか。私は得したとしても、社長様が得をしているとはどう考えても思えません。接待されたからといって、結婚式の宴会代に手心を加えることもできないのです。

その後も、お会いするたびに飲みに誘っていただいたり、お土産をくださったりするので、どうして私にそんなによくしてくださるのか、勇気を出してうかがってみたことがあります。

「なぜ、私にそんなによくしてくださるのでしょうか」

この問いには意外な答えが返ってきました。

「林田さんに贈り物をすると、必ず電話をくれるか葉書が来る。喜んでくれていると肌で感じるんです。私はそれが嬉しい」とのことでした。

贈り好きの人というのは、喜んでもらうことが好きなのです。喜んでいる人の姿を見るとますます嬉しくなるのでしょう。

反対に、人が困っていたり、失敗すると喜ぶ人もいます。このような人は、性格に問題があるのでしょう。人間というものは、余裕が出てくると、人の喜びが自分の喜びになるのだと思います。今でこそ、私もそのような余裕のある心境になりつつありますが、当時の私には、どうしても社長様のお気持ちを察することができませんでした。

もらい上手というのは、相手を喜ばせるものなのです。

モノだけでなく、言葉もそうです。たとえば私がお客様から「林田さん、今日のスーツはいい仕立てのものですね」と言われたとき、謙遜して「安物です」とだけ答えれば、お客様はどう思われるでしょうか。「せっかく褒めているのに愛想がないなぁ」となるのではないでしょうか。お客様から褒められたら、素直に受け止めるようにしましょう。謙遜だりすると、慇懃無礼になるのです。

スーツを褒められたら、「ありがとうございます。どうしていい仕立てだと思われたのでしょうか」と返事をしたらどうでしょう。ありがとうございます、と一旦お客様の言葉を受け入れることによって、お客様は「林田さんを褒めてよかった」と思われますし、どうしていい仕立てだと思われたのかと、逆に質問することによって、お客様のスーツを見る目の確かさを間接的に褒めることにもなります。

モノも言葉も、お客様がくださるというものは、気持ちよくいただくようにしましょう。謙遜も度が過ぎれば、お客様の心象を悪くしてしまいます。お客様に褒められたら何でも謙遜しなければいけない、そうするのが美学だ、というのは一種の思い込みです。

もらい上手になりましょう。

名刺からつながっていくご縁

日頃、何気なく交換し合う名刺。ただ単に名刺ケースにしまっておくだけでは、宝の持ち腐れとなる可能性があります。

私が三二歳の頃の話です。名刺を全部整理すると、約二八〇〇名分になっていました。そこで、すべての名前と住所を名簿化し、ダイレクトメールを出せるようにしようとしました。

蛍鑑賞の企画や、経済講演会、クリスマスパーティー、ディナーショー、サマーバイキングなど、当時はさまざまなイベントを二カ月に一度くらいのペースで開いていたのですが、そのたびにダイレクトメールを出しました。

余談ですが、近頃のダイレクトメールのリターン率は、だいたい一～数％未満などと言われています。つまり、千通出して一～一〇、返事や問い合わせがあればいいほうです。しかし、私の場合は、不特定多数の方にお送りしているわけではありません。個人的につながりのある方、少なくとも面識のある方にお出しするわけです。なので、反応率はかなり高いほうだと思います。

また、ダイレクトメールを送る際は案内だけをそのまま出すのではなく、直筆の手紙や文を添えるようにしました。「いいお席をお取りしています。ぜひお越しください」などの一文でも添えると、反応がまったく違ってきます。

ダイレクトメールには割引券なども入っているので、お客さまにとってお得感もあります。しかしそれ以上に、私にとって、お客様との関係を継続させるのに非常に役に立ちました。

パーティーなどで名刺交換をしただけのお客様とは、下手をすればそれだけで終わってしまう可能性があります。ですが私の場合は、このダイレクトメール作戦によって、どのホテルへ移ってもお客様との関係が継続できたように思います。名刺をいただいたらどんどん名簿化していき、転勤などで離れて行った人の名前は消し、常に新しい情報のみに更新していきます。パソコンの表計算ソフトを利用するのもいいでしょう。年とともに名刺は増える一方です。私の場合は、一週間に一度ぐらい、専門の業者に名刺を渡してデータ化してもらい、パソコンですべて管理できるようにしています。

ダイレクトメールを出した後は、できるかぎり電話をしていきます。やはり直接声をおかけするのとしないのとでは、イベントの成功率はまったく変わってくるのです。このような仕事は、決して楽なことではありません。ホテルマンという華やかな職場でも、泥くさくがんばらなければいけない業務というのは、やはりあるものです。

そして、電話をかけるときに心がけているのは、笑顔です。電話では直接お客様にお顔を見られることはありません。しかし、笑顔で話をしていると、楽しく親切な雰囲気が自然と相手に伝わります。それが営業成績にもつながっていくと思います。

読者の皆様も、ぜひ一度ご自分のこれまでの名刺を整理してみてください。少なくとも数百枚はあるのではないでしょうか。そして、その名刺の方々と関係性が途切れているのなら、自分ならどのような情報を発信することができるのか、一度じっくり考えてみることをお勧めします。

「マメ」を徹底すれば成功が訪れる

私の失敗談をいくつか紹介させてください。

関西の大手家電メーカーの営業企画課長とお会いしたとき、

「仕入れ先懇談会のパーティーを開きたいのだが、いいアイデアはないか」

と尋ねられ、日を改めて企画書をお持ちしたときのことでした。

「林田さん、これぐらいのレベルのアイデアなら、我々素人でも三人集まれば出てくるものです。あなたはプロなんだから、我々があっと驚くようなアイデアを出してもらいたいたかった」

と、たしなめられました。まさに顔から火が出るような思いでした。

「自分の企画力はまだまだだ。これからはもっとたくさんのことを勉強して、お客様に喜んでいただけるような企画提案ができるようにしよう」

そう、心に誓いました。

また、あるとき。新聞を読んでいると、お客様の叙勲を報じた記事を見つけました。その日は忙しかったので、翌日、お電話を差し上げ、

「叙勲のお祝いの会を我がホテルで開いてください」

とお願いすると、

「すまん、林田君。昨日、別のホテルの担当者が来たので決めてしまったんだよ」

という返事でした。

その方とはある程度仲がよく人間関係は密接だったので、営業は翌日になってもいいだろうと、甘い安心感があったのかもしれません。たった一日の差で、別のホテルに決められてしまったのです。苦い経験です。

後から聞いたところによると、競争相手のホテルマンのほうが、より親密にお付き合いがあったそうです。

このことがあるまで、「私は人脈が広い」「お客様とは密接な人間関係をつくっている」というおごりがあったのだと思います。たとえそれが事実だとしても、そこに安住してしまったら、そこで成長は終わります。

考えてみれば、誰かが亡くなった場合、それを知った葬祭業の人が一日後に営業に行っ

たらどうでしょう。もうとっくにお通夜は終わっているに決まっています。たった一日が、サービス業にとっては致命的な日数になってしまうのです。有益な情報を手に入れたら、その日のうちに行動しなければいけない――というのはそれ以来、私の仕事の鉄則になりました。

結局、サービス業で成功するには、「マメに徹すること」だと思っています。電話マメ、筆マメ、ファックスマメ、訪問マメ、紹介マメなどです。前述のようにすばらしい企画を思いつかないのもプロとしては恥ずべきことかもしれませんが、企画力は努力でなんともならない部分があります。しかし、マメさというのは、がんばろうと思う努力でなんとかなるものです。

電話をかけるのを億劫がらず、お礼状を書くのを面倒だと思わず、知り合った方が近くにいらっしゃったら、何度か訪問してみる。また、新しい方と知り合ったら、仕事で関係がありそうな別の知り合いに紹介してみる……。

そのときに、何か別の情報をソッとお伝えするのも大切です。一方的に情報を手に入れようという人は、長い目で見ると敬遠されがちです。やはり営業マン自らが、情報提供者、話題提供者になる必要があると思います。

先に述べたような失敗は、誰にでもあると思います。大切なのは失敗した後です。運が悪かったな、タイミングが悪かったな、結局はお客様の気持ち次第なんだよ、ですませてしまったら成長がありません。

失敗した理由は、自分が一番知っているはずなのです。

本当の「お客様第一主義」を実践する

ホテルではさまざまなイベントが開かれます。

そのときに私が注意していた点は、

「お客様の立場になる」

「ホテルの収益を考える」

「現場の働きやすさを考える」

の三つでした。挙げた順が優先順位です。

パーティーなり結婚式なりをするとき、営業マンはお客様を交えて打ち合わせをしますが、その際に
「こんなことを企画したら、調理場から文句を言われるなあ」

「いい企画だけど、接客現場から文句を言われるなあ」

と、思うときがあります。しかし、お客様のことよりも自分たちの内部調和のことばかり

考えていると、たいへんなことになってしまいます。いい企画を考えよう、などという仕事の活力は失われてしまうのです。内部の調和も大切かもしれませんが、一番大切なのは、お客様なのです。

内部の調和を考えているヒマがあったら、お客様のことをもっと真剣に考えねばなりません。たとえば、社長様と創業三〇周年パーティーの打ち合わせをしているときなら、

「創業して三〇年とは、どんなお気持ちになられるのだろう」

また結婚式の場合なら

「親御さんとしては、娘さんをどんな形で送り出したいのだろう」

と、お客様の気持ちで一緒になって企画を考えてみるのです。

お客様の立場になって考えれば、お客様はそのことを必ずわかってくださいます。

逆に、会社の利益だけを優先させるような提案をしたりすれば、あっという間に見破られてしまいます。「この営業マンは、儲けのことばかり、自分の営業成績のことばかり考えているな。せっかくの結婚式の打ち合わせが台無しだ。もう、別のホテルにしよう」となるかもしれません。

そんな営業方法ではお客様との間に信頼関係を築くこともできず、長続きする関係も到

底望めないでしょう。同様に、証券会社などでよくある手口ですが、「会社からこの商品を売るように言われている。多少、無理しても売ってしまおう」――これも禁じ手です。

内部が困るとか困らないというのは、あくまでもお客様とは別の問題なのです。この順番を間違えると、社会的問題を引き起こしてしまうことがあります。

かつて、あるメーカーが検査の過程を大幅に省略したため、消費者が食中毒を起こすという事件がありました。これなどは、内部の調和ばかりを優先してきたため、ではないでしょうか。

一部の社員は、このようなずさんな検査体制ではいけない、と気付いていたようでした。ところが、注意をすると調和が乱れるだろうと思い、同僚に注意できなかったそうです。製品を口にするのはお客様です。お客様よりも同僚との調和のほうが大切だったのでしょう。

しかし、事件は起こり、結果社会的な糾弾に遭い、倒産こそ免れたものの、この企業は社名を変更せざるを得ないほど追い込まれました。

お店の都合よりもお客様の都合を優先するように心がけましょう。

「感性」を磨く自己投資と想像力

ホテルや旅館業界でよくあるサービスに、「ウェルカムドリンク」というものがあります。到着されたお客様にビールやお茶、ジュースなどを一杯無料で差し上げるサービスです。しかし、「ウェルカムドリンク」を差し上げただけで、お客様が喜んでいらっしゃると思うのは、間違いです。

「ウェルカムドリンク」をどのように飲まれるのか、に注意しなければいけません。グイッと一気に飲むのか、ゆっくり飲むのかを見ていて、それぞれに違った対応をするのです。それがサービス業に必要な「感性」です。グイッと一気に飲まれたお客様には、喉が乾いていらっしゃるのだろうとお察しして、もう一杯お注ぎするのです。お客様はもう一杯欲しいと思っていても、「無料でもう一杯は厚かましいかな」と遠慮されるからです。

感性を磨くためには、職場だけでは、不十分です。自己投資しなければなりません。有名な画家の美術展に行ったり、能や歌舞伎を見たりするといいでしょう。費用はもちろん会社は出してくれないでしょう。ですから、どうしても自己投資となるのです。

ホテルマンなら、ホテルの壁にかけてある有名画家のレプリカなどのタイトルを調べてみたり、ダ・ビンチが好きならダ・ビンチの画集を買ってもよいでしょう。ダ・ビンチを見ているうちに他のルネサンス絵画などにも興味が出ますし、ルネサンス絵画がわかると、ルネサンス前とルネサンス以降の違いがわかり、結果として絵画史の全体像が理解できて、面白くなります。

能が難しくて嫌なら、狂言でも構いません。狂言などわからないといっても、テレビのワイドショーを騒がせている人ひとりくらいなら、名前を知っているはずです。最初は、有名な人の公演を、好奇心や興味本位で見てみるのがいいかもしれません。無理せずとっかかりを見つけるのがコツです。

ほかにもミュージカル、京都の禅寺の石庭、生け花展、ハリウッド映画、なんでもいいと思います。ドライブで知らない場所に行ってみるのもいいでしょう。

いつも新しいことに身を触れさせ、勉強していると、自信が出てくると思います。自信が出てくると、どんなときでも落ち着けるようになります。ホテルマンにとって落ち着いた雰囲気というのはたいへん重要です。落ち着くと謙虚にもなれます。お客様の立場を重んじられるようになるのです。

誤解のないように言っておきますが、感性とは知識や教養ではありません。

そして、知識や教養をもう一段昇華させた「知恵」を磨いて欲しいと思うのです。単なる芸術の知識を披露するような教養では、お客様を喜ばせることはできません。

最後に、もうひとつの感性を高める方法をご紹介します。

それは、想像することです。

自分が憧れのレストランに行った姿や、欲しかったスーツを手に入れて自信満々で着ているさまを想像します。感情を高めるぐらい、一生懸命想像するのです。

脳の働きは、想像したことと実際に起こったことを区別できないと言われています。想像したことでも自分が経験したような気分になってきて、顔つきまで変わってくるのです。

脳のなかでお客様と同じような日常を想像すると、感性は確実に高まるのです。

笑顔とアイコンタクトで心温まる雰囲気を

サービス業では、笑顔が大切だと言われています。

なぜなら、人間の第一印象というのは、笑顔で決まるからです。

アメリカの心理学者のメラビアンは、

「顔の表情が五五％、音声が三八％、話の内容が七％」で人の第一印象が決まるという研究結果を発表しています。

また、笑顔は伝染するという性質があります。あなたが笑顔でいると、お店の同僚、そしてお客様まで、あなたが出会い、会話する人すべてが笑顔になるのです。不思議ですが、そうなるのです。一般に「鏡の法則」と言われるもので、自分が笑顔なら人も笑顔、自分が怒っていたら人も怒りだすというものです。

恥ずかしながら私も、鏡の前で一日五分間は笑顔の練習をしています。二〇代の頃から、さまざまなホテルの支配人を経験した今でも続けています。

にこにこした笑顔だけでも、十分、接客に効果はあるのですが、これを付加すればさらに完全になるという方法があります。それは、「アイコンタクト」です。たとえば、「いらっしゃいませ」と笑顔で言いながら、その人の目を見ないとします。どんな印象を与えることができるでしょうか。あまりいい印象を与えられないことがわかります。せっかくの笑顔もこれでは台無しなのです。

笑顔と同じく「アイコンタクト」もトレーニングできます。

トレーニングの方法は、簡単です。あらゆる生活、ビジネスの場面で、必ず相手の目を見て話すようにする――たったこれだけです。常に相手の目を見て話すように意識していると、接客の場でもお客様の目を見て話すことができるようになります。これは、クセや習慣と言われるものなのかもしれません。

いつも人の目を見て話をしない人は、お客様に対しても知らず知らずのうちに、下を向いて話をしてしまったりして、好印象を与えることができていない場合が多いのです。

アイコンタクトは、従業員同士の間でも有効です。声を出して指示しにくい状況のとき、言葉と同じくらい相手に自分の意志を伝えることが可能です。アイコンタクトはチームワークをよくする効果も持っているのです。

笑顔とアイコンタクトは、一心同体と覚えておいてください。

これができるようになると、まず店の雰囲気が変わります。皆が笑顔で仕事をしていると、明るい雰囲気が充満します。それだけで、売上が上がってきそうな気になるものです。

アイコンタクトの基本的な方法をお教えしましょう。それは、目を合わせるとき「声にならない声」を出すことです。たとえば、レストランに知り合いのお客様がお見えになられたとき「いらっしゃいませ（一度、お越しいただきましたよね。ありがとうございます）」

このように、（　）内の部分を心の中で声に出しながら、アイコンタクトするのです。すると、目の表情に「心」が入るようになります。お客様も不思議なもので、その「心」を何となく感じてくださるのです。

最上級のサービスは「明るく楽しい仕事」から

お客様にご満足いただくため、ある海外のレストランは、お客様の誕生日パーティーの開催を引き受けているそうです。おかげでレストランは大繁盛しています。この成功事例を聞いたある日本のレストランも、お客様の誕生日パーティーの開催で売上アップを狙いましたが、結果は散々でした。パーティーを開いても、周りのお客様や自社の従業員が白けていて、困ったということでした。

このレストランの経営者は、「やはり海外のやり方は日本で通用しない、国民性だろう」と諦めてしまったそうです。

私は、問題は国民性にあるとは思いません。それは従業員がパーティーの開催を「楽しんで」いないからだと思います。心からお客様の誕生日を喜んでいないのです。喜んでいない雰囲気は、自然とお客様にも伝わり、白けたムードをつくり出してしまうのです。

ここで、読者の皆さんもおそらく耳にしたことがある、フロリダにあるリッツ・カールトンの伝説的なエピソードを紹介しましょう。

あるスタッフが砂浜にならんだビーチチェアを片づけていると、一人の男性客から「恋人にプロポーズしたいので、ビーチチェアをひとつだけ残しておいてほしい」と頼まれたそうです。スタッフは「もちろんです」と答えました。さらにこのスタッフは急いでポロシャツからタキシードに着替え、テーブルを持ってきて花を飾り、シャンパンを用意し、男性客がプロポーズのときにひざまずいても服が汚れないようにと、タオルを敷いて待機していたのです。

「ここまで演出してくれるのか」と、カップルは感動しました。花代やシャンパン代は、そのホテルが従業員に認めている「決裁権」から捻出しました。決裁権はトラブルの処理だけに使用されるのではありません。「前向き」なことにも大いに活用されます。

この小さなイベントは成功し、リッツ・カールトンにはひとつ、神話が増えました。従業員自らがお客様を祝い、イベントを「楽しむ」気持ちがあったからこその成果ではないでしょうか。

これも「経営理念」の効果です。理念が従業員に浸透していない普通のホテルなら、「なぜ私たちが、お客様のプロポーズの手伝いまでしなきゃいけないんだ」となるでしょう。

仕事を前向きに楽しむ従業員の姿勢は、お客様を楽しませ、感動させるのです。

皆さんの会社では、接客を楽しんでいるでしょうか。あなた自身は楽しんでいるでしょうか。日本人は仕事をまじめに考えすぎているきらいがあります。仕事をまじめにこなすことを否定しませんが、まじめすぎるのも疑問です。

まずは、社長、そして現場のリーダーが明るく、楽しく仕事をすることから始めてみましょう。そこから、お客様にも楽しんでいただく仕組みづくりを進めるのです。すると、先に述べたような誕生日パーティーなども成功するのではないでしょうか。

身近な例ですが、マクドナルドでは子どもの誕生日パーティーを気軽に引き受けています。ときどきその現場に出くわすことがありますが、店の従業員もお客様以上に楽しそうにやっています。驚くべきことに、楽しんでいるマクドナルドの従業員のほとんどが、アルバイトです。マクドナルドにもかなり高度なサービスのコツが隠されているのかもしれません。

お客様の喜びが自分の喜びになる

最後に、少し私の生い立ちについてお話しさせてください。

実家は熊本県で農業をしていました。父は町会議員でした。そのため、小さい頃から人と接する機会は普通の人より恵まれていたと思います。現在の私の下地は幼少時につくられたものかもしれません。

学生時代の思い出で心に残っていることは、高校のとき、キャプテンを務めていた卓球部が県大会ベスト八に入ったことです。この経験は、現在の「何事も途中で諦めずやり抜こう」という気迫につながっていると思います。

将来については、目立ちたがりの性格だったからでしょうか、漠然と「仕事をするならホテルのようなところで、スーツを着てアタッシュケースを持って打ち合わせできる仕事に就きたい」と思っていました。

念願叶って、十八歳で太閤園に入社。

太閤園は、その歴史を一九〇八年（明治四十一年）にまでさかのぼることのできる、関西を代表するガーデンレストランです。

七千坪の敷地に築山式回遊庭園を有し、財界のパーティーが頻繁に開かれ、「大阪の迎賓館」とも呼ばれていました。

そこで、私はフロントを務めながら、先輩方がお客様を大切にしている姿を目の当たりにしていました。

しかし、望んでいた営業の仕事はなかなかやらせてもらえませんでした。その当時、営業職は原則として大卒のものだったからです。難しい交渉事は高卒には無理、というのが常識だったのかもしれません。

ですが、東京から配属されてきたばかりの上司が、フロントでできるかぎりのお客様に名前でお声かけをするようにし、すでに数百人という人脈を築きつつあった私を見て、「こいつは顔が広い」と引き立ててくれたおかげで、現在があります。

営業の仕事は結果主義です。

とてもきつい仕事でしたが、私は、「お客様の喜びが自分の喜びになる」ということに比較的早い時期に気づくことができたのです。

お客様と出会ったときに心を込めてお名前をお呼びする、そうすることで、お客様が喜んでくださる。そして、それを自分が喜びとして感じる、と気づいたとき、自然とこの仕事が天職だなと思えたのです。

「お客様の喜びが自分の喜びになる」とは具体的にどういうことでしょうか。

職業コーチとスポーツ選手の関係を考えてみてください。スポーツ選手はコーチにお金を払いますから、コーチにとって選手はお客様です。選手が試合でいい成績を残せるよう、コーチは一生懸命指導をします。ときには、お客様に対して怒ったり、また励ましたりして、苦難を共にします。

そして、試合当日。その選手が勝利しました。選手本人も嬉しいでしょうが、嬉しいのは選手だけでしょうか。違います。コーチも例外なく喜びます。ときには、選手以上の喜びを感じることもあるでしょう。

このコーチと選手という場合でも、お金が関係している以上、あきらかに両者の関係はビジネスであり、コーチはサービス業と言えます。

私は、サービス業とは、それがどんな仕事であっても、あらゆる喜びに満ちている仕事だと思っています。

美容院には、お客様にきれいになってもらう喜びがあります。医者には、患者様の顔色がどんどんよくなって完治していく喜びがあります。ブライダル業では、お客様の人生でもっとも輝かしくきれいな瞬間を一緒に味わえます。

あなたは日々の仕事で「喜び」を感じているでしょうか。

ぜひ、お客様とともに仕事をする「喜び」を感じてください。

「喜び」を追求していくかぎり、よりよい仕事を実現し続けることができるのです。

おわりに

最後までお読みいただき、まことにありがとうございました。

前作『リッツ・カールトンで学んだ仕事でいちばん大事なこと』は、「リッツ・カールトン」をタイトルに冠し、そこでの経験を中心にまとめたものでした。

今作は、私のライフワークである「顧客満足」「ホスピタリティ」というテーマについて、私自身の考え方や取り組み方というものを述べようと試みたものです。

まだまだ、拙いところも少なくなかったかとは思いますが、皆様の心の内になんらかのヒントが残れば、これ以上の喜びはありません。

私事ではありますが、前著刊行後、さまざまな企業、団体などから、顧客満足やホスピタリティに関する講演や研修のご依頼をいただくようになりました。

お邪魔した先は、北は北海道、南は沖縄まで、それこそ全国各地と言っても過言ではありません。

当時私は、京都全日空ホテル、その後は、彦根キャッスルホテルの総支配人を務めておりましたが、現場でお客様におもてなしをさせていただくことと、コンサルティングという仕事を両立することは容易ではありません。

どちらも中途半端になってしまうと、同じ職場で働くスタッフ、そしてお客様にご迷惑をかけてしまいます。

そこで、私は、再び独り立ちすることを決意しました。再びと記したのは、実はリッツの退職後から、京都全日空ホテルに勤めるまでの約一年半の間、コンサルティング会社を経営した経験があったからです。

現在は、会社を立ち上げ、数社の顧問を務めさせていただくかたわら、講演や研修先で、真の顧客満足、真のホスピタリティと、その実現のヒントについて、拙いながらも、お話をさせていただいております。

このような私を今日まで育てていただきました、藤田観光株式会社太閤園、ザ・リッツ・カールトン大阪、京都全日空ホテル、彦根キャッスルホテルの皆様に厚く御礼申し上げます。

さらに私の大切なお客様、いつも心からのご支援を賜りまことにありがとうございます。

最後に改めまして、読者の皆様、ここまでお付き合いいただきまして、まことにありがとうございました。

すべての仕事は人間関係から始まります。そして、こちらの心がけひとつで、お客様はいかようにも心を開き、信頼を寄せてくださいます。

ホスピタリティの原点は心です。お互い、笑顔で、誇りを持ち、そして常に心を込めて、お客様とお付き合いをしていきましょう。

林田正光

著者紹介

林田正光（はやしだ・まさみつ）

1945 年熊本県生まれ。藤田観光株式会社太閤園販売促進支配人、関西地区顧客部長を経て、1996 年ザ・リッツ・カールトン大阪入社、営業支配人、営業統括支配人を務める。2002 年同社を退社。以後、京都全日空ホテル社長兼総支配人、彦根キャッスルホテル取締役社長兼総支配人を歴任。著書に『リッツ・カールトンで学んだ仕事でいちばん大事なこと』（あさ出版）など。
2011 年 2 月逝去。

新装版

ホスピタリティの教科書《きょうかしょ》　〈検印省略〉

2020年　3　月 22　日　第　1　刷発行

著　者――林田 正光（はやしだ・まさみつ）
発行者――佐藤 和夫

発行所――株式会社あさ出版
〒171-0022 東京都豊島区南池袋 2-9-9 第一池袋ホワイトビル 6F
電　話　03 (3983) 3225 (販売)
　　　　03 (3983) 3227 (編集)
F A X　03 (3983) 3226
U R L　http://www.asa21.com/
E-mail　info@asa21.com
振　替　00160-1-720619

印刷・製本 美研プリンティング(株)

facebook　http://www.facebook.com/asapublishing
twitter　http://twitter.com/asapublishing

ISBN978-4-86667-207-6 C2034